U0052897

現代佛學叢書

菩提道上的善女人

傅偉勳・楊惠南主編／東大圖書公司

釋恆清著

國家圖書館出版品預行編目資料

菩提道上的善女人／釋恆清著.－－初版二刷.－－
臺北市；東大，2003
　　面；　公分－－(現代佛學叢書)
　ISBN 957-19-1798-2　(精裝)
　ISBN 957-19-1799-0　(平裝)

　1.僧伽

225.1　　　　　　　　　　　　　　　84004405

網路書店位址　http : // www. sanmin. com. tw

© 　菩提道上的善女人

著作人　釋恆清
發行人　劉仲文
著作財
產權人　東大圖書股份有限公司
　　　　臺北市復興北路386號
發行所　東大圖書股份有限公司
　　　　地址／臺北市復興北路386號
　　　　電話／(02)25006600
　　　　郵撥／0107175-0
印刷所　東大圖書股份有限公司
門市部　復北店／臺北市復興北路386號
　　　　重南店／臺北市重慶南路一段61號
初版一刷　1995年7月
初版二刷　2003年8月
編　　號　E 22035-0
基本定價　參元陸角
行政院新聞局登記證局版臺業字第○一九七號

ISBN　957-19-1799-0　　(平裝)

《現代佛學叢書》總序

　　本叢書因東大圖書公司董事長劉振強先生授意，由偉勳與惠南共同主編，負責策劃、邀稿與審訂。我們的籌劃旨趣，是在現代化佛教啓蒙教育的推進、佛教知識的普及化，以及現代化佛學研究水平的逐步提高。本叢書所收各書，可供一般讀者、佛教信徒、大小寺院、佛教研究所，以及各地學術機構與圖書館兼具可讀性與啓蒙性的基本佛學閱讀材料。

　　本叢書分爲兩大類。第一類包括佛經入門、佛教常識、現代佛教、古今重要佛教人物等項，乃係專爲一般讀者與佛教信徒設計的普及性啓蒙用書，內容力求平易而有風趣，並以淺顯通順的現代白話文體表達。第二類較具學術性份量，除一般讀者之外亦可提供各地學術機構或佛教研究所適宜有益的現代式佛學教材。計劃中的第二類用書，包括(1)經論研究或現代譯注，(2)專題、專論、專科研究，(3)佛教語文研究，(4)歷史研究，(5)外國佛學名著譯介，(6)外國佛學研究論著評介，(7)學術會議論文彙編等項，需有長時間逐步進行，配合普及性啓蒙

教育的推廣工作。我們衷心盼望，關注現代化佛學研究與中國佛教未來發展的讀者與學者共同支持並協助本叢書的完成。

傅偉勳、楊惠南

自　序

　　女性與宗教的關係是宗教學、歷史學、社會學等領域中很重要的課題。女性由於對生命問題的敏銳觀察力和切身體驗，對宗教一向保持著很嚴肅和虔誠的態度，佛教婦女更是如此。

　　二千多年來的佛教史中，佛教婦女在菩提道上的努力和成就，令人刮目相看，而近年來臺灣佛教蓬勃發展，佛教婦女扮演了舉足輕重的角色，更是有目共睹的事實。本書試圖從歷史的線索，從原始佛教、大乘佛教、中國佛教，乃至現代臺灣佛教等各階段中，重點式地探究佛教的傑出善女人，在「男尊女卑」的社會意識形態下，如何力爭上游，克服百般障礙，發揮慈悲和智慧的特質，最後達到解脫自在。

　　本書的「善女人」一詞，採其廣泛的涵義，即通指出家和在家的佛教婦女。由於深重傳統性別歧視的影響，佛教婦女常視女身為障道之表徵，產生排斥的心理。僧團中的比丘尼習慣以「師兄」彼此稱呼，就是這種心態的表現。作者希望藉由古今傑出善女人的典範，讓出家

和在家的佛教婦女不必再因女身而妄自菲薄，而是很有自信地邁入菩提道。

釋恆清

一九九五年三月八日

菩提道上的善女人

目　次

第一章　早期佛教的善女人

　　佛教有三大基石，即「三寶」：佛、法、僧。「佛」的字義是「覺者」。廣義而言，任何能達到悲智圓滿境界者，都可以叫做「佛」。狹義而言，「佛」指釋迦牟尼佛，乃佛教的創始者。「法」為佛教的教理，經過長時間的發展之後，以文字記載匯集成現在的三藏（經、律、論）典籍。「僧」是指一方面自我修習，另一方面為利益他人而負責傳播佛法的「專職」出家佛教徒。

　　佛教的四眾弟子中，除了男、女出家（比丘、比丘尼）二種僧眾之外，就是在家的男、女居士。自佛教開創以來，雖然婦女一直是佛教信眾不可或缺的一部份，但她們所扮演的角色和所享有的地位，與男性佛教徒相較之下，不能不說是處於劣勢。

　　男女不平等的事實，是世界各國文化和宗教的共同現象。即使在教義上，最主張自由和平等的佛教，恐怕亦很難否認這個事實。因此，我們不禁要問道，為什麼在對待女性的態度上，佛教的理論和實踐，有如此大的差異和矛盾呢？從佛教的「勝義諦」觀點，一切眾生平

等，自不待言。然而，表現在「世俗諦」的世間法上，佛教也難免受制於文化、時代、習俗、地域等時空的因素，因而我們可發現因時空因素的不同，佛教也隨著出現迥異的婦女觀。

要想瞭解佛教婦女的角色、地位及其重要的發展，大概可從兩方面探索。一方面我們可以從真實的婦女歷史人物著手，例如，阿含經、律典、南傳大藏經等典籍中，記載了許多佛陀時代在家和出家的女性佛教徒。又如中國佛教，則有《比丘尼傳》、佛教各宗派史傳（如禪宗的燈史、淨土宗的聖賢錄等）、中國各朝代史、地方誌、野史等，記載了許多中國佛教婦女。她們的挫折、成就、宗教和精神生活等事蹟，都可透露出她們的境遇和所處的地位。

另一方面，要瞭解佛教的婦女觀，可從大小乘佛典中，對非歷史性的女性的描述和看法一探究竟。大小乘佛教隨著教義的推展，其婦女觀也跟著演進。其對女性的看法和態度，從將女性描述成障道的情欲化身，到舌戰比丘、講經說法的登地菩薩，其中之轉折，實在是既有趣又深具意義。現在讓我們從原始佛教開始，來看看佛教善女人們修學佛法的心路歷程。

自古以來，印度婦女因受性別的歧視，地位一直很低。女兒往往是父母的負擔，因為如果女兒嫁不出去，是父母的奇恥大辱，但是要完成女兒的終身大事，則龐大的嫁妝是不可或缺的。更嚴重的是，女兒無權繼承家

族的衣缽，在家庭中之地位，當然與兒子無法相比。至於家庭主婦，印度男性認爲她們主要的功能在於生子傳宗接代，以便在他們去世時，有兒子可主持葬禮，他們相信唯有如此，才能確保來生的幸福。這些家庭主婦完成她們生子的「天職」之後，萬一她們的丈夫先過世，則由兒子取而代之成爲一家之主，她們在家庭的地位，還是不能提高。跟古代的中國婦女一樣，她們必須遵守「在家從父，出嫁從夫，夫死從子」的「三從」。

印度人是個宗教性極強的民族，但即使是宗教性活動，也是男女有別。舉例言之，依照印度古老的傳統，屬於四姓之首的婆羅門男子，其一生可分成四個時期：⑴梵行期，⑵家住期，⑶林棲期，⑷遁世期。第一梵行期是指八歲啓蒙後十二年內，廣學吠陀、祭儀等的學習時期。經過長時間的求學後，婆羅門男子即娶妻生子，經營俗務，克盡一家之主的責任，這段時間稱爲「家住期」。當他的兒子長大成人後，即將家業交付兒子，自己到林野棲居，開始過冥想、寧靜的宗教生活，故稱爲「林棲期」。最後則完全與世隔絕，全力修道，即所謂的「遁世期」。由上可知，婆羅門男子一生四期中，後二個時期容許他們投入宗教領域之中，但是婆羅門女性卻沒有相同的機會和權利。

佛教成立之後，出世間的宗教生活方式，漸漸向婦女敞開一道大門。像印度其他的宗教一樣，佛教的最終境地是解脫，但是佛陀的教義卻比其他宗教更提倡自由

和平等。自由不僅指生命中各種行為和生活方式抉擇的自由，更重要的是超越貪、瞋、癡的心靈和宗教上的自由。佛教的平等一方面肯定在社會、經濟、政治等的各種體制下，人人享有相同地位，因此佛教反對印度四姓不平等的觀念和作法。另一方面在靈性和宗教上，佛教更平等地看待一切眾生，認定他們有無限的潛力和必然性，可到達完美至善的證悟境界。

在這種佛教教理的鼓舞之下，印度婦女開始選擇佛教做為她們的宗教信仰。有些人成為在家居士，有些人則選擇出家的途徑。佛陀成道第一次說法之後，就有婦女受三歸依，成為正式的在家佛教徒。佛陀初轉法輪是在鹿野苑，當時除了佛陀以前的五位隨從，聞法後出家之外，尚有一名為耶舍的青年，也在聞佛說法之後，即得法眼淨(即具有觀見諸法真理的能力)，隨之受具足戒成為比丘。耶舍的父親亦歸依佛門，成為第一位男居士(優婆塞)，而耶舍的母親和妻子則成為最早信佛的女性佛教徒(優婆夷)。

第一節　　比丘尼僧團的成立

婦女最初歸依佛法，成為在家居士，似乎順理成章，並沒有遭遇任何困難，但是那些選擇出家的婦女的遭遇，卻又另當別論。

釋尊出生七日，母親摩耶夫人即謝世，由他的姨母

大愛道（摩訶波闍波提瞿曇彌 Mahāprajāptī）代為撫育。釋尊成道數年之後，大愛道帶領了五百位釋迦族的婦女，經過長途跋涉之後，來到佛陀說法的尼拘律園，表達她們想求道苦修的強烈意願，請求佛陀准許她們出家。大愛道向佛陀請求說：

「佛陀！我聽說只要女人精進，就可證得沙門的四種聖果。我們極願意受持佛法，以求無上的正覺。我們在家時已有堅強的信心，也曉知世間無常的道理，願出家求法，乞請佛陀慈悲應允。」

佛陀回答說：

「瞿曇彌！不得要求女人於佛法中出家向道，因為如果女人出家受大戒，則佛法就不能久住。」

大愛道如是再次向佛陀請求，佛陀再次加以拒絕。大愛道遭拒，只好傷心地離去。但她並未絕望，反而偕同五百釋女，自行剃髮披法衣，追隨佛陀到他駐足的舍衛城祇洹精舍門外，第三度涕泣懇求。

這時，佛陀的侍者阿難，看到她們頭面污垢、疲累不堪、悲悽啼泣的情形，深為感動和同情，特地為她們向佛陀求情。阿難三次向佛陀請求，佛陀則三次默然以對。最後，阿難只好向佛陀「討人情」。他向佛陀說道：

「佛陀呀！大愛道於佛有大恩。佛母逝世後，是大愛道扶養世尊長大的。」

佛陀回答說：

「是呀！阿難。大愛道於我有大恩，但是我出家成

道，使得大愛道得知有佛法僧，進而歸依三寶，已回報了她的大恩。」

阿難於是提出一個最關鍵性的問題詢問佛陀：

「佛陀呀！如果女人於佛法中出家受戒，是否能證得須陀洹果乃至阿羅漢果呢？」

「可以。」佛陀回答。

於是阿難辯稱既然女人跟男人一樣，只要出家學佛終究可證聖果，就應該允許女人出家。佛陀在這個理由充足的挑戰之下，終於答應度大愛道和五百釋迦女出家。不過佛陀提出一個條件，那就是女人出家後，必須盡形壽遵守「八敬法」。在接受這個條件之下，大愛道成為佛教女性出家的第一人，比丘尼僧團也隨之成立。

有關女眾出家的經過，有二點反應出佛教對女性的看法，很值得探討。其一是所謂的「女人出家，正法減少五百年說」，其二是「八敬法」的制定。前者是對女性出家後果的否定性預測，後者則是使女眾僧團附屬化的具體規範。它們顯現何種意義？對後代的女眾僧團的發展又有何影響呢？

正法減五百年的說法，各經律均有記載，但是略有出入。例如：《四分律》中佛陀告訴阿難，若「女人出家，正法不久」，但未明確指出是減損五百年。《南傳銅鍱律》、《瞿曇彌經》等所記，是在女眾出家後，佛陀才向阿難做「正法減五百年」的預記。《五分律》則記載阿難在聽到佛陀的預記之後，當場「悲恨流淚」，後悔為大愛道等

人請命，而佛陀則安慰阿難，說他是因爲被「魔蔽其心」，才會爲女衆請命。

經律中記載的這個預記，常被後人視爲佛陀對女性持否定看法的明證。這件事我們可從二方面加以討論。一是：正法滅損的預記爲後人附會的說法，二是：此預記確實爲佛陀所說。我們不能完全確定此預記是否眞是出自佛陀，因爲經律的結集到底還是出自比丘僧團，其中又不乏既保守又輕忽女人的比丘，他們並不樂見女人出家。例如，佛陀涅槃不久，上座比丘們聚會王舍城，舉行結集大會。當時爲首的摩訶迦葉，就指責阿難求佛陀度女人出家，是一大過失呢！

根據《毗尼母經》，保守的迦葉尊者，以「十事」責怪阿難爲女人請求出家。十事是：

1. 若女人不出家，檀越（施主）就會常常在道路兩側胡跪，將豐盛的食物施於比丘僧。

2. 若女人不出家，檀越就會常在道路上布施衣服臥具給比丘僧。

3. 若女人不出家，檀越就會常在道路上，以五體投地，請求比丘僧搭乘他們的象馬車。

4. 若女人不出家，檀越就會以髮布地，請比丘僧踏過。

5. 若女人不出家，檀越就會常以恭敬心，請比丘僧至舍供養。

6. 若女人不出家，檀越就會常以恭敬心掃地，且將

上衣布地，請比丘僧坐。

7. 若女人不出家，檀越就會脫掉上衣，爲比丘僧拂去腳上的灰塵。

8. 若女人不出家，檀越就會舒髮，拂比丘足上的灰塵。

9. 若女人不出家，比丘僧威德勝於日月，外道豈敢正視。

10. 若女人不出家，佛的正法應住千年，今減五百年。

以上十事，除了第十項尚有討論的餘地之外，其他簡直是不成理由的理由。可見保守的上座比丘和修頭陀行的聲聞弟子，本來就排斥婦女加入僧團。他們的心態自然會多少透露在他們所結集之經律的字裏行間，也就是說所謂的「正法減五百年」之說，並非佛陀本意，而極可能是後人的附會。

從另一方面而言，如果「女人出家，正法減五百年」確實是佛陀所說，這表示佛陀從人性層面的考量，預想比丘尼僧團成立之後，由於與比丘僧團，甚至與在家信眾相互間接觸增多，難免引起不少問題，造成負面影響，故說「佛法不久住」(五百年或一千年只是象徵性的數字)。不過，這是否女人應負全部責任，也有待商榷。

無論如何，佛陀畢竟准許女人出家。他可能想即使女人出家的結果會減損佛法住世的時間，但這並不能單方面歸罪女性，因爲律儀的違犯，是眾緣和合造成的。再說，在「眞空」狀態中，是不能產生「免疫」的韌性。

男女僧團並存，何嘗不是訓練抵抗誘惑的增上緣。況且，佛陀知道世間的佛教，本來就是在生滅因緣法中有限地存在著，為了正法能多維持「五百年」，而犧牲了全體女人出家證果的「宗教權」，此「五百年」恐怕也不具任何意義了。

比丘尼僧團成立可能對整個佛教帶來的衝激，只是佛陀考量是否度女人出家的因素之一。但決定性的原因，是佛陀相信人們在宗教和心靈上理想的追求，不管在本性、能力或成就上，是超越男女相的區別的。這就是小乘佛教所說的男女眾都可證得阿羅漢果，大乘所說的人人皆有佛性，皆可成佛。佛陀的這個認可，給予人性尊嚴至極的肯定。

既然佛陀在宗教的成就上，認定男女無別，那我們也許要問：為什麼佛陀當初卻再三地拒絕大愛道的求度出家？世尊有哪些現實的顧慮呢？

第一個顧慮是男女眾僧團接觸頻繁，可能衍生不少問題，破壞僧團的清淨，遭致信眾譏嫌，最後造成「正法不久住」的結果。佛陀這種現實的顧慮是可以瞭解的，但是，一來兩性間發生的問題，不能只怪罪一方。二來男女僧團並存也有其積極的作用。三來雖然佛陀希望「正法久住」，但是諸法無常，即使因拒絕女眾出家而正法得多住世五百年，但與允許女眾出家而使她們得以解脫證果相比，則後者應是更值得的。所以「正法減損」的因素或曾使佛陀猶豫，但並未阻礙他做正面的決定。

第二個使佛陀猶豫的原因，可能是在他的成長過程中，所遺留下來對女性的「成見」。身為佛教徒的我們，雖然相信佛陀是完美無缺的，但是我們也不要忘記佛陀是生長在西元前五、六世紀男女地位懸殊的印度社會。眾生無始以來即受制於各種因緣法，如家庭、社會、教育、時勢、風俗等，這些因素塑造了一個人的思想和觀念。有些「成見」不易擺脫，所以佛陀也可能有一些對女性的刻板印象：例如，女性較男性「脆弱、優柔且依賴性重」，因此嚴謹、克己、獨身的宗教生活，不適合女性。再者，女性出家，對家庭制度直接構成威脅，如果佛教女性僧團成立，可能引起社會對佛教負面的觀感。對於一個剛成立的教團，這是個需要考量的因素。

　　第三個使佛陀猶豫的因素，可能是他顧慮到女性在遊行乞食、漂泊不定的宗教生活中，可能遭遇到困難和危險。例如，出家人乞食托缽遊行各處，其間可能會遇到自然災難、盜賊野獸的侵犯等。

　　不管當初佛陀面臨抉擇時，考慮衡量很多世間現實的問題而有所躊躇，但是他最後還是以終極出世間修道解脫為考量而做決定，我們可肯定地說，至少在理論上，佛陀是持男女平等觀的。佛陀允許女人出家，為她們敞開成佛之道，後世女性固然永懷感恩，而回顧二千多年的佛教史，佛教婦女在宗教上的貢獻和成就，也具體地證明她們沒有使佛陀失望。

　　從肯定人性的尊嚴和平等的立足點而言，佛教無疑

地是男女一視同仁。但是「八敬法」的制定，卻又明顯地貶低了體制內佛教婦女的地位。這不能不說是給佛教的平等思想，留下了長遠的遺憾。今日的佛教徒不禁要問：佛陀連至高無上的出世間解脫證悟，都毫不保留地肯定女性，為什麼還要在世間法內訂一些與此思想相違背的條文來規範她們呢？若想公平客觀地瞭解「八敬法」的目的、意義和影響，我們應從佛陀當初制定它們時的動機和時空等因素去探討。

第二節　「八敬法」的意義

八敬法是當初佛教女性僧團成立的條件，它們也成為二千多年來，比丘僧團有形地或無形地箝制比丘尼僧團的規條。在佛教的僧團組織中，比丘尼僧團應該是獨立的，但八敬法卻使它永遠處於比丘僧團的附屬地位。

佛教戒律的制定有一特色，即是佛陀並未預設他的徒眾會有那些心性或行為偏差，而事先制定戒條對治。佛陀的制戒原則是所謂的「隨犯隨制」，也就是說當比丘或比丘尼有不當的言行或違犯禮儀時，佛陀即依當時情況制戒，做為往後行為的準則。但是八敬法是唯一不依「隨犯隨制」而訂的戒法，顯然有違佛陀制戒的基本原則，難怪它的真實性常受到質疑。無論如何，八敬法的存在，確實使比丘尼在僧伽的體制下，屈服於比丘僧團的優越權威。

在各部派律典的記載中，八敬法的條目有少許出入。現依《四分律》的次第，探討八敬法的內容和制定的目的。

一、「雖是已受具足戒多年的百歲比丘尼，也應禮敬迎請剛受完具足戒的比丘」

　　佛教僧眾的長幼次序，不是依世俗的年齡大小而定，而是依戒臘（即受具足戒後之年數）的多寡為準。如果遵照這種佛教倫理而言，此「百歲具戒的比丘尼須禮拜新戒比丘」的敬法，很顯然是性別歧視使然，有違佛教平等的精神。根據《中本起經》和南傳律藏的《小品》的記載，比丘尼僧團成立一段時間之後，大愛道及諸長老比丘尼曾向阿難提出異議說：「這些長老比丘尼已久修梵行，而且都已見道，為何還得向新受具足戒的幼小比丘作禮呢？」當時諸長老比丘尼所要求的是，應依戒臘多寡、德行高低，而不是依性別，來建立兩性的關係。可惜的是當時佛陀並沒有答應，否則佛教平等的精神就可真正落實了。

　　不過，還好的是佛陀並沒有要比丘尼無條件地或盲目地遵守此敬法。依《銅鍱律》中〈小品〉的記載：有一次，六群比丘故意以泥漿灑比丘尼。佛陀知道此事後，即指示此後比丘尼不必再恭敬禮拜六群比丘。可見比丘尼要尊敬的是戒行精嚴的比丘眾，至於那些犯戒、行為不檢的比丘，比丘尼是不必向他們恭敬禮拜的。

佛陀當初制定此敬法，除了因為順應當時印度社會男尊女卑的傳統之外，可能也是因為第一批出家的女眾，除了貴為王妃的佛姨母大愛道外，大都是出身貴族的釋族士女，其社會地位和才識比許多比丘有過之而無不及。佛陀為防她們恃貴而驕，故特別強調要她們尊敬那些即使是出身寒微的比丘。

若依佛教平等、恭謙的精神，比丘尼迎禮年輕的比丘，或比丘尼間互相迎禮，本來也是理所當然。《法華經》中的常不輕菩薩不也是逢人即拜，不管對方是比丘、比丘尼、男居士、女居士，他都禮拜讚嘆說：「我不敢輕視汝等，汝等當作佛。」因此，比丘尼禮拜比丘固然不成問題，但比丘回禮比丘尼也應該不再是禁忌。在今日提倡男女平等的社會，佛陀當時怕引起譏嫌的社會因素已不復存在。所以如果現代男女僧眾能彼此恭敬禮拜，一來可免年輕比丘接受年高德劭比丘尼頂禮時的尷尬不安，二來也可避免年輕比丘僧眾養成貢高我慢的習氣，三來這才真正實踐佛教眾生平等的教示。

二、「比丘尼不得罵詈讒謗比丘」

此敬法與比丘尼戒律「波逸提」中的一條戒相同，即「不得呵罵比丘」。其制戒因緣是這樣的：有一位名叫迦毗羅的長老比丘，因為搗毀一位比丘尼的塔墓，於是諸比丘尼即呵罵他為「弊惡下賤工師種」。佛陀得知後，即結戒不許比丘尼呵罵比丘，也不得向白衣說比丘的過

失。

戒律中雖有比丘尼若「呵罵比丘」則犯波逸提的戒條，但是卻沒有禁止比丘呵罵比丘尼，也就是說比丘可以呵罵比丘尼，反之則不行。但是《四分律》有一記載，很值得一提：

大愛道比丘尼獲悉某位比丘生退心而欲休道，但她因為遵守「比丘尼不得呵罵比丘」的敬法，而不敢加以訓斥。於是她將此事告知佛陀，佛陀回答說比丘尼是不可以誹謗比丘，但是他也說：「若教導比丘持守增上戒、增上心、增上智，學問誦經，則可以呵罵比丘。」這是說為了增進比丘的戒行、道心和慧學，比丘尼是可以教授或甚至於訓誡比丘的。不僅比丘尼可以如此做，律典中也曾提到一位名叫為維嘉的女居士，曾呵罵過一位行為不檢的比丘，但她並未因此受到佛陀的呵責。從以上二個例子，可見佛陀定下「比丘尼不可呵罵比丘」的敬法，不是僵化得一成不變。

三、「比丘尼不可舉發比丘，或見或聞或疑的過失，但是比丘可舉發比丘尼的過失」

不僅比丘尼不得舉發比丘過失，尤有甚者，《明了論》有如此教誡：「比丘尼不得問難比丘及教比丘學。」《四分律》甚至於說若不獲許可，比丘尼不得向比丘問經律。不得舉發比丘過失的敬法，比起上述的不得罵詈譏謗比

丘，可說是更嚴苛。無論是禁止舉發過失或不許問難法義，無非是為了維持比丘的尊嚴和領導地位。

僧團首重清淨和合，而僧眾難免犯錯，所以佛陀一再強調要僧眾如犯戒，必須在誦戒日自己「說罪」。若不發露自己所犯的罪，別的僧眾就有義務「舉罪」，如此先知過，而後懺悔，才能回復清淨。因此，舉罪的意義在於僧眾彼此站在善意的立場，幫助對方發現自己的過錯，進而使整個僧團保持清淨。既然是這樣，則理論上男女眾互相舉罪並無不可。但是這個敬法顯然對男尊女卑的分別相的重視，超過了舉罪的真正意義。再說，根據《四分律刪繁補闕行事鈔》，舉罪者必須具五德，即知時、真實、利益、柔軟、慈心，換言之，不是任何比丘都有資格可任意舉發比丘尼的過失的。

至於比丘尼不可問比丘法義的源由，根據《四分律》所載，其制戒的因緣是這樣的：一位名叫安隱的比丘尼，聰穎過人。有一次，她向諸比丘請教法義，但他們卻無法回答，而深感慚愧。其他比丘尼將此事告知佛陀，於是佛陀制戒：「若比丘尼問比丘義者，違犯波逸提。」後來，諸比丘尼有疑問時，不知向誰請問，於是佛陀又制戒：「若比丘尼欲問比丘法義，先不求而問者，波逸提。」也就是說比丘尼可以向比丘請問法義，但是要事先徵求比丘的同意才可問。從以上的制戒因緣，這個戒的用意顯而易見。

事實上，許多尼僧的智慧和修證均凌駕比丘，但是

為了維持比丘僧團的優勢，卻要比丘尼處處謙讓。以當時的印度社會型態而言，也許是理所當然，但是以現代標準而言，不能不說它是由性別歧視所引起的不平等待遇。

四、「二年學法完畢後，於（比丘、比丘尼）兩眾請受具足戒」

佛教徒分在家眾和出家眾。在家眾包括優婆塞（男居士）和優婆夷（女居士），出家眾則包括沙彌、沙彌尼、式叉摩那（śikṣamāṇā）、比丘和比丘尼，全部組成所謂的七眾弟子。男性出家後，受十戒就成為沙彌，女性受十戒後即稱沙彌尼。從沙彌、沙彌尼到受具足戒成為比丘、比丘尼的過程中，女性則須多經過式叉摩那的階段。

依《四分律》的記載，佛教第一位比丘尼大愛道及五百位釋女，乃從佛陀受八敬法得具足戒。但是她們之後的女眾出家，則另有一套制度。據記載有個女人欲出家受戒，但是在往謁佛陀的途中遇賊，而遭受毀辱戲弄，佛陀獲悉後，就規定女人應先直接從比丘尼出家受戒，不過須白三羯磨，請比丘尼僧團聽許，羯磨之後即應受十戒，成為沙彌尼。十戒包括：不殺，不盜，不婬，不妄語，不飲酒，不穿著華鬘及香油塗身，不歌舞倡伎及不往觀聽，不坐高廣大床，不非時食，不捉銀錢等。

沙彌尼除了跟沙彌一樣必須緊守十戒之外，律制又特別規定沙彌尼必須經過二年的學習六法戒，否則不得

授與比丘尼具足戒，這階段的沙彌尼即爲式叉摩那尼，譯爲「正學女」或「學法女」。《四分律》載，正學女須學三法：

1. 學根本法：即不殺，不盜，不婬，不妄的四重戒，均不可違犯，否則擯去。

2. 學六法：⑴不與染污心男子共身相觸，⑵不得取滿五錢，⑶不得故意傷害任何衆生的生命，⑷不妄語，⑸不得過午而食，⑹不得飮酒。

3. 學諸行：這是指一切日常生活中的律儀細行。

式叉摩那尼經過二年學戒無犯之後，就可求受具足戒，首先須在比丘尼僧衆前受戒，同日再往比丘僧衆受戒。此敬法的用意是將比丘尼受具足戒的最後認可權授於比丘僧團。換句話說，女衆受戒，須經過比丘僧之最後審核，才算完成受戒程序，如有不如法，比丘僧有權加以否決。總之，男衆受具足戒只要從比丘僧團受戒即可，而女衆受具足戒必須由二部僧中受戒才算完成。

臺灣佛教近四十餘年來，每年舉辦傳授三壇大戒，其中只有二、三次是二部僧授戒，餘均只從比丘僧受戒。尼衆不從比丘僧團受戒，固然不合律制，但尼衆不先從比丘尼僧求受戒，嚴格來說，同樣是不合律制。比丘尼須依二部僧受戒的用意，除了是對比丘僧團的尊重之外，其實，更重要的是每個女人出家後，須在尼僧團中，經過嚴格的「養成」訓練之後，通過整個尼衆僧團的認可，才可向大僧求戒。女衆須先向尼衆僧團求戒的理由是，

因為二年學戒中，比丘尼是她們的教誡師，每天觀察、引導、糾正她們的言行，最有資格判斷、審核她們是否可以受具足戒，所以從比丘尼僧團受戒，稱為「本法」。照說不行「本法」的女眾，比丘僧就不應授予具足戒。就像不經過初審，如何能進行覆審？但是目前臺灣戒場大多不行尼僧部的授戒，可見臺灣佛教的戒師以為比丘僧是比丘尼戒的「唯一」和「最後」權威，尼僧部的授戒無關緊要，其實是嚴重違犯佛律，侵犯比丘尼僧團的權威和（至少一半的）自主權。如果比丘僧自己都不依佛制，又如何能要求比丘尼遵行敬法呢？如果要依佛制的話，就不可認為女眾沒有先在比丘尼僧前受戒無關緊要，只要行「一部（比丘部）僧受戒」即可。否則，自己不合律制，卻要他人守戒，豈不是要被譏為「雙重標準」？

五、「比丘尼犯僧殘罪，應在二部僧中，半月行摩那埵（mānatta）」

根據《四分律》的傳統，受過具足戒的比丘須遵守二百五十戒，比丘尼則有三百四十八戒。比丘尼戒共分七大類，其中十七個戒屬於「僧殘罪」（僧伽婆尸沙法）。這些是很嚴重的戒法，僅次於八「根本戒」（即波羅夷，意謂斷頭法，違犯者，如人斷頭，不可復活）。違犯「僧殘罪」者，如人被砍受傷未死，「殘」留性命，若得好醫良藥，尚可痊癒。犯僧殘罪者，必須在清淨大眾前發露

懺悔，否則不能除罪，故「僧殘」有「由大衆僧決斷」的意思。

　　「摩那埵」是僧殘罪的除罪法。「摩那埵」，漢語爲「意喜」，意思是由於自己犯戒心生慚愧，服勞役以表懺悔，煩惱不復再起，清淨如昔，因此自生歡喜，亦使僧衆歡喜，故言「意喜」。其懺法是犯僧殘的比丘，須連續六日六夜中，不但被褫奪種種權利，而且要「別住苦役」，即折服自己的貢高我慢心，「下意承事衆僧」，爲大衆作清廁打掃等各種勞役，並且每日到僧衆前發露懺悔，行摩那埵羯磨。比丘和比丘尼一樣，犯僧殘罪都須行摩那埵，不同的是比丘行六日，比丘尼則須行摩那埵半個月，而且除了向二十個比丘尼僧之外，還要向二十個清淨比丘僧衆懺悔出罪。

　　此戒法的主要目的是要比丘僧衆負起教誡和監督比丘尼戒行的責任。以當時制戒的時機因緣而言，由於比丘尼僧團成立時，比丘僧團已成立許久，且不乏德學俱備的大比丘，先學教後學亦是理所當然。但是，當時的時節因緣並非歷千年不變，如情況適得其反，即比丘尼德學優於比丘，則如此戒法可能會被認爲「不合時宜」了。

六、「每半個月從比丘衆請教誡問布薩」

　　律制中規定僧團必須每半個月舉行「布薩」（poṣa-dha）。布薩的意思是「淨住」或「長養」。也就是說僧團

中必須每半個月集合僧眾，大家一起誦戒，一方面提醒大家嚴守戒律，另一方面如有違犯，必須在行布薩時發露懺悔，如此可使僧眾住於淨戒中，長養眾善法。比丘尼要在尼僧團中誦戒，但是在行布薩前，必須要選派比丘尼，到比丘僧處去請「問」行「布薩」的日期，和請求比丘前去教誡。

佛陀時代，除了少部份弟子能常隨佛陀身邊、聽聞佛法外，其他人須賴口耳相傳，以及上座大德的敷演傳授，故教誡後學比丘及比丘尼，不是大比丘的權利，而是應盡的責任和義務。例如《雜阿含經》中，曾提及佛陀指示諸宿德上座比丘僧，應當教授諸比丘尼，於是這些上座比丘依佛陀的吩咐次第教授比丘尼。可是，輪到難陀比丘時，他卻拒絕為比丘尼說法。佛陀於是斥責難陀說：「汝當教授諸比丘尼，為比丘尼說法。所以者何？我自教授比丘尼，汝亦應爾；我為比丘尼說法，汝亦應爾。」

擔任教誡者，並非每個比丘都可勝任。律中有明文規定教誡比丘的資格。根據《五分律》，比丘應成就「十法」，才能因應差遣而教誡比丘尼。十法是：

1. 戒成就，威儀成就，恆畏小罪。
2. 多聞，諦能了達，知佛所說，初中後善，善義善味，具足清白梵行之相。
3. 善能誦解二部戒律。
4. 善能言說，暢理分明。

5.族性出家，諸根殊特。

6.於佛法中未曾穢濁。

7.舉止安詳，身無傾邪，被服法衣，淨潔整齊。

8.為比丘尼衆之所敬重。

9.隨順說法，示教利喜。

10.滿二十歲，或過二十歲。

《根本說一切有部百一羯磨》則規定教誡比丘須具七德：

1.持戒清淨（不曾違犯重戒）。

2.多聞（讀誦通曉各種戒經）。

3.年高德劭（年滿二十戒臘）。

4.善於使用都城語言（能講說所處大城所使用的語言）。

5.不曾以身污比丘尼。

6.能廣泛宣揚八勝法的或開或遮。

7.善於開演八尊敬法。

再者，《善見律》亦舉比丘須具八德，方能教誡比丘尼。八德內容與上面所列大同小異。

由上述的規定，可見比丘尼不必盲目地差請不具十法或七德行的比丘為教誡和尚，而比丘本身也不可自以為只要是比丘，就有資格教誡比丘尼。佛陀制此戒的目的，是要比丘尼衆敬賢尊能，謙請教授，這本是佛教徒求法應有的態度，比丘尼僧須遵守，應是毫無異議。唯一的問題是，如果此戒法不是「單行道」，而是對二部僧

衆彼此「雙向」的規定，則初學比丘僧衆也可蒙受宿德比丘尼教授的法益，真正做到「平等互惠」，豈不是更能符合和實踐佛教平等的精神？據說目前臺灣有些佛教教育機構對延請比丘尼以教授比丘學生的做法，持保留態度，而錯失不少優良師資，就是受這條敬法的影響。

七、「不得於無比丘處安居」

佛制僧衆必須每年結夏安居，安居也稱「坐夏」或「坐臘」，乃是因為夏天雨季時，僧衆出去乞食遊行不便，且易傷害草木小蟲，因此結夏三個月，禁止出外，全力坐禪修學。

比丘尼不得在附近沒有比丘的地方安居，其主要的目的是在安居期間，可方便半月半月舉行布薩時，請比丘教誡。據《五分律》的記載，曾有比丘尼在附近無比丘處安居，結果就有「可應度不應度，可與受戒不可與受戒，作依如法不如法」等戒律上的疑問，但無上座比丘可請教的情形。再者，有比丘在附近，也較有安全上的保障。律典記載曾有比丘尼因在無比丘處安居，被惡人外道侵擾的事故。不過，此事件並非佛陀制定「不得於無比丘處安居」敬法的因緣，因為它是在八敬法制定之後發生的，可見即使在佛陀時代，八敬法還是沒有被比丘尼僧團確實遵行。

八、「安居結束後，於（比丘、比丘尼）兩眾行自恣」

「自恣」（pravāraṇa），譯作「隨意事」，即結夏安居結束的當日，比丘和比丘尼請清淨僧眾隨意揭發自己於見、聞、疑等三事上所犯的過失，以便自己能懺悔而回復清淨。「隨意事」的意思是隨他人之意，而揭露自己所犯的戒。比丘尼犯戒，除了於解夏日，在比丘尼僧眾前自恣外，隔日還必須到比丘眾的住處舉行自恣，請眾比丘舉發自己的過失，懺悔後才算回復清淨。此戒法的用意無非也是將比丘尼戒行的最高監督權交付比丘僧團。

從以上的討論，我們可以看出「八敬法」的基本目的和精神，乃將攝導地位付予比丘僧團，比丘尼必須尊敬、服從比丘僧的領導和教誡。以當時女眾請求出家的時空因素、社會上男尊女卑的習俗，佛陀制八敬法的苦心是可以瞭解的。從肯定的方面而言，雖然八敬法使比丘尼屈於從屬地位，但在心靈提昇的層面，並沒否定或障礙比丘尼求法證悟的機會和可能性。事實證明，比丘尼僧團成立之後，出現許多證得阿羅漢果的大比丘尼（留待下節細述）。男、女二眾如果出於彼此尊重、砥礪的心態來看待和實踐八敬法，則未嘗不是互蒙其利。例如，年高德劭的比丘尼向新戒比丘頂禮時，比丘尼本身固然可降伏我慢心，而新戒比丘也應心生慚愧，更加努力修

持。比丘尼向比丘請求教誡時，比丘尼可直接獲得法益，間接也可促使比丘僧精進修行，以成為「十法」具足的教誡師，如此就可產生良性的互動關係。

然而，不可否認的，八敬法確實也給比丘尼僧團帶來負面的影響。這些影響大都屬於團體的組織和制度層面。換句話說，大部份的敬法和羯磨法、作持法有關，如果忠實地實施八敬法，則比丘尼僧團就沒有完全的自主權。如上面所說，比丘尼的受具足戒、每年的三個月安居、安居後的自恣、半月半月的布薩、懺悔出罪等重要法事，都須依賴比丘僧的監督和認可，才算合律。這些限制使古代比丘尼僧團未能在僧伽體制中，充分地發揮出潛能、特色和自主性。更嚴重的是，在居士信眾的眼光中，比丘尼僧團永遠處於次要地位，因此得到的敬重和經濟支持就不如比丘僧團，而直接影響其發展。這種情形，從泰國、錫蘭、西藏，甚至於日本的尼眾僧團的式微，即可得到明證。

從心態而言，八敬法最嚴重的負面影響，是它們成為驕慢、歧視女性的比丘的最佳護身符。我慢心重的比丘只要有需要，即可發出八敬法的這張王牌，用以壓抑比自己德學高超的比丘尼。當然，這完全違背佛陀當初制八敬法的本意。佛陀絕不是制定八敬法以滋養比丘僧的優越感和我慢心。不能瞭解八敬法真正意義，對比丘尼僧團只有世俗行政上的牽制，但對比丘卻可能成為真正修持上的障礙，相較之下，其負面影響更深遠呢！

從經律的傳說而言，一致認為女眾出家，是歷經佛陀姨母摩訶波闍波提和阿難一再勸請後，佛陀以女眾需遵守八敬法為條件才答應。然而，女眾還未出家，就制定八敬法，這顯然與佛陀「隨犯隨制」的制戒原則不合。再者，即使成制的戒條，並非一成不變，佛陀會隨著僧眾、居士的反應和實際的情況，而給予適當的開遮。經律中均有記載尼眾僧團成立一段時間之後，佛陀姨母大愛道比丘尼曾表示，希望佛陀將比丘與比丘尼間之迎禮，從以性別為標準，改成以戒臘和德學的高低為準則，卻遭受拒絕。以上二事，均違反佛陀制戒的慣例，多少反應出八敬法的成立，與佛教主流——保守的老上座們——結集經律有關。

　　從佛教歷史發展來看，那些非常保守地遵行八敬法的佛教國家，比丘尼眾僧團都已衰微，甚至於消失，如印度、錫蘭、泰國等。八敬法也許不能說是這些區域的比丘尼僧團消失的唯一原因，但確實不無關係，因為比丘尼地位的低落，影響其教育機會和經濟資源的取得，如果又遭遇外在的政治、社會的不利因素，比丘尼僧團的發展自然更容易受到挫折。再者，由於南傳佛教教義上缺乏大乘佛教平等主義（egalitarianism）的一乘思想，比丘上座被尊為最高權威，他們對比丘尼的態度，無疑地是影響尼眾僧團的重要因素。我們可以舉現代錫蘭佛教為例，有許多人試圖恢復錫蘭比丘尼僧團（它大約在十一世紀消失)，但是遭受很多保守派比丘的強力反

對，泰國佛教的女眾亦遭遇同樣的困難。佛陀制定八敬法，將監督領導權交付比丘僧團，其用意是要他們扶助，而非壓抑尼眾僧團，但是比丘們如此「濫權」，對尼眾教團傷害極大，這就是最好的證明。不過，值得注意的是，據說有些南傳佛教國家的尼眾也反對重建比丘尼僧團，因為她們認為沒有比丘尼身份並不妨礙她們修習佛法，但是如果比丘尼僧團重建之後，她們必須遵行八敬法，反而要受制於比丘僧。

反觀中國佛教，由於史料未有明確記載，自古尼眾本身是否恪守八敬法不得而知。不過，卻有二份史料顯示，由於外在因素，比丘尼僧無法完全嚴格地遵行八敬法。一者，宋太祖曾下詔說：「僧尼無間，實紊教法，自今於尼寺置壇授戒，尼大德主之。」宋太祖為了分別僧尼，以免「紊亂教法」，下令於尼寺中設壇授具足戒，由尼大德主持，不必再往僧寺受戒。他不知道根據敬法，女眾是要依二部僧受具足戒的。這是外在因素迫使僧團無法依敬法傳戒。

二者，合格的教誡者不多見。例如，唐道宣律師在《四分律刪繁補闕行事鈔》中，提到當尼眾犯僧殘戒，行摩那埵懺法時說：「道風漸替，知犯不知有悔。縱有懺心，集眾難得。」道宣律師痛心地指出當時道風不振，比丘尼犯戒有些不知懺悔，但是縱使有悔心，要聚集合格的比丘教誡師接受懺悔也很難得。可見當時在「集（比丘）眾難得」的情況下，即使比丘尼願意守敬法，到比

丘僧前行摩那埵，也有事實上的困難。由以上史料，我們可以推測在古代中國佛敎，由於種種因素，八敬法有其遵行的困難。

至於目前的臺灣佛敎，許多寺院均不行布薩、安居、懺罪，故有關敎誡的敬法自然就名存實亡。而且如道宣律師所說，具足「十法」的敎授比丘，恐怕也是「集衆難得」。

目前臺灣佛敎尼衆素質大大提昇，無論在弘法、敎育、慈善或修持各方面的成就，比之僧衆有過之而無不及，再加上現代的男女平等意識高漲，已不能再以「女衆的知識差、體力弱、眷屬愛重」爲理由，做爲八敬法合理化的藉口。換言之，二千多年前八敬法的「制戒因緣」已不復存在。但是放眼身處二十世紀的現代比丘僧，還有人墨守二千多年前的意識形態和偏見，認爲「女人的貪瞋癡成分超過了標準値，行事以瞋恚力來做決斷，凡事以我喜歡爲準則，不以理爲準，愛之則欲其生，恨之則欲其死……」這種以偏槪全性的刻板印象，不管用於所有女人或男人，在今日的社會，恐怕都不容易被接受。有些女人固然貪瞋癡心重，「愛之則欲其生，恨之則欲其死」，難道男人就沒有這種情形？因此，把所有女人做普遍性和負面的性格界定，是一種歧視性的執見，不合佛法的精神。以佛陀制戒的精神而言，佛陀如果在世，一定會對八敬法有所「開」禁。我慢心重的比丘，如果再以男性優越感心態要求比丘尼行八敬法，恐怕是行不

通了，以「德學」，而不是「性別」服人才是根本之道。正確地實踐敬法，應是出家二衆，站在彼此互相尊重的立場，產生良性的互動，才能符合大乘佛教一切衆生平等的精神。女衆固然需要行「敬法」，男衆又何嘗不需要行「敬法」呢？

第三節　早期佛教的婦女觀

佛陀時代，印度婦女地位低微，與一般印度婦女相比較，佛教婦女的地位已提昇不少。儘管最初女性出家的過程艱難，畢竟佛教已爲婦女敞開解脫之門，這應歸功於下列佛教的教義，即：

1. 女性證果論：在精神領域方面，提昇女性最重要的理論，莫過於女性證果論。佛陀明確地宣示男、女均可證得四果，在道業的成就上，女性可與男性並駕齊驅。後來事實證明，許多比丘尼確實證得阿羅漢果。及至大乘佛教主張一切衆生皆有如來藏，人人皆可成佛(留待下一章再詳論)，推翻了「女人五礙」的說法，更表現絕對肯定的女性證果論。

2. 業力論：佛教主張每個人必須爲自己所造的業(行爲)負責。來生的善惡報，都依今生自己的所作所爲而定。印度古老傳統則認爲必須有兒子的祭祀，才能確保來生可以升天。佛教的業力論

否定兒子爲父母升天的保證，一方面減低兒子在家庭的重要性，另一方面也間接提高女兒在家庭中的地位。

3. 祭祀無用論：佛陀時代婆羅門教，極爲注重宗教祭祀儀式，而其儀式以男性的婆羅門和刹帝利種姓爲主，婦女毫無宗教參與的自由可言。佛教提倡祭祀無用論，解除歧視婦女參與宗教活動的禁忌。

4. 尼衆僧團中的開放平等：自從尼衆僧團成立之後，任何女性，無論其出生種姓的貴賤、已婚或未婚、貧或富，甚至於妓女，一律均准許出家，而且平等對待。因此，嚴重被歧視的印度女性，如寡婦、不孕婦女等，至少都能在尼衆僧團中享有同等地位，更可在精神和宗教上獲得非凡的成就。

5. 教育機會均等：古代印度社會中，即使上層階級家庭中的婦女，不見得都有受教育的機會。教育機會的不均等，是造成男女不平等的主因之一。佛教婦女，則無論在家、出家，不但與男性一樣均享有聞法、受教的機會，而且也有說法、教育他人的能力和權利。

雖然佛教婦女比一般當時印度婦女有較高的地位，但是如果我們審愼閱讀早期佛教典籍，不難發現經律中有正、負不同的婦女觀。有些典籍對婦女持肯定態度，

有些則持否定貶抑的態度，甚至於同一典籍同時出現不同的婦女觀。綜合各經論的觀點，我們大概可以舉出早期佛教對女性的三種態度：(1)解脫上的男女平等主義，(2)制度上的男性優越主義，(3)修行上的女性厭惡主義。

一、解脫上的男女平等主義

佛教原本就是尋求身心解脫的宗教，它指出世間眾苦的真相，分析匯集諸苦的原因——貪、瞋、癡，提供超脫眾苦的修行之道，導至最後的涅槃解脫。佛陀經過深刻的內省，對世間的觀察和親身的實踐功夫，指出一條可供一切眾生遵循的正覺之道。這條菩提道上，一切世間的分別相——男女、貴賤、種族、社會階級等，不再有歧視的意義。在這種「解脫上的含攝主義」下，很自然的，女性不但可以行菩提道，而且能達到涅槃證果的最終目標。《雜阿含經》記載一位天子請問佛陀如何能脫離「癡惑的叢林」時，佛陀回答說：

> 正直平等道，　離恐怖之方；
> 乘寂默之車，　法想為密覆。
> 慚愧為長縻，　正念為羈絡；
> 智慧善御士，　正見為前導。
> 如是之妙乘，　男女之所乘；
> 出生死叢林，　逮得安樂處。

佛陀將「寂默之車」，比喻爲走出「生死叢林」的工具，而此妙乘是「男女之所乘」的，他（她）們都可到達「安樂處」。

佛陀「解脫平等主義」的婦女觀，使得傳統男尊女卑的觀念難免受到質疑和挑戰。蘇摩（Somā）比丘尼的故事就是一個例子。蘇摩比丘尼是頻毘娑羅王（Bimbisāra）侍衛的女兒。她依佛出家，並證得羅漢果。有一天，象徵猜疑和誘惑的惡魔波旬（Māra），來到蘇摩坐禪的安陀林，對她說道：

> 仙人所住處，是處甚難得；
> 非彼二指智，能得到彼處。

「仙人所住處」是指解脫聖者所到達的境界，而此境界很難得到，尤其不是那些「二指智」者所能達到的。「二指智」是指女人，因爲古代印度人認爲女人煮飯時，須用二個手指頭測試，才知道米是否已煮熟，因此「二指智」象徵女人智慧淺薄。波旬的論調，代表傳統社會對女性智慧、靈性的輕視。

蘇摩以她的禪定智慧，識破波旬的惡意。她非常堅定和自信地回答：

> 心入於正受，女形復何爲？
> 智或若生已，逮得無上法。

> 若於男女想，心不得俱離；
>
> 彼即隨魔說，汝應往語彼。
>
> 離於一切苦，捨一切闇冥；
>
> 逮得滅盡證，安住諸漏盡。

蘇摩比丘尼強調在佛法的修證上，女人的身形絕非障礙。任何人只要「心（能）入於正受」，智慧生起，就可證得無上道。若只是專在男相、女相上打轉，心不能離執。像蘇摩比丘尼一樣，其智慧、能力等受到懷疑和挑戰的例子，在佛典中真是不勝枚舉。

從佛陀毫無疑問的肯定女性能證果，到原始佛教阿含經典記載蘇摩比丘尼駁斥性別歧視的事例中，可見自始佛教即持「解脫上的男女平等主義」的婦女觀。它一方面打破印度種族和性別的區分，另一方面契合傳統佛教「無我」的教義。如果佛教的精神和制度能一貫地保持此容攝主義的婦女觀，那佛教真可說是最古老和最徹底的男女平等的宗教，然而，在佛教典籍文獻和教團制度上，卻未能貫徹此精神。換言之，「解脫上的男女平等主義」只停留在理論層次，並不見得能完全反應和落實在文化、社會，或僧團倫理的層面上。因此，我們可以同時看到不同的對待女性的心態。

二、制度上的男性優越主義

雖然佛陀本人，以及某些早期佛教典籍，在理論上

持男女解脫平等觀，但是在現實社會中，兩性僧團的組織制度方面，卻屈服於男尊女卑的社會傳統。「八敬法」的制定即為最佳的例子。為何有如此截然不同的女性觀呢？主要是因為其考慮因素有別之故。「解脫平等主義」考慮的純粹是女性在精神解脫方面的能力，而「制度上的男性優越主義」所考慮的包括社會習俗、僧團發展、男女兩眾僧團之間的互動關係等因素。這兩種態度雖然看似互相矛盾和衝突，但也不能不說是理想和現實彼此間的折衷和妥協。

以兩千多年前印度婦女低落的地位而言，佛陀允許女人出家和肯定她們證果的可能性，已經是具革命性的思想和作風。但是在現實世界中，佛陀也不能開放到全然違反社會習俗的地步。以夫妻關係而言，《善生經》說丈夫須以五事愛敬及供給妻子：⑴憐念妻子，⑵不輕慢，⑶為作瓔珞嚴具，⑷於家中得自在，⑸念妻親親。如此以五事來提高妻子地位，但是另一方面也隨順社會習俗，主張妻子須以十三事「善敬順夫」，例如，敬重丈夫、瞻侍、敷設床座、準備豐饒美食等。

以兩眾僧團而言，在解脫道上尼眾僧團有其完全自主權利，但是制度上，還是遵循世俗男主女從的習俗。女眾僧團接受男眾僧團的攝導權威，雖然因之淪為次等地位，受到許多限制，但較易獲得當時社會的接受。再者，為了整個佛教的發展，信眾和一般社會大眾對教團的觀感也是考量的因素，許多戒律和行儀都是因此而制

定的。例如，南傳律藏《小品》中記載，有一次一群比丘尼到比丘處，請求教誡。許多居士見已，即共譏嫌，稱比丘與比丘尼行不淨。於是，佛陀即規定，此後每次只許四或五位比丘尼至比丘僧處請教誡。又如，有施主供養男女二部僧，先與比丘尼食，後與比丘食。有人將此事告知佛陀，佛陀為避免居士譏嫌，即規定以後如有這種情形，應先與比丘食。從以上的事例，可見佛陀在日常生活上規範男女二眾僧團時，現實的妥協超乎理想的考量。

在理想的「解脫平等主義」之下，佛陀准許成立比丘尼僧團，但是在男性主義的現實社會中，佛陀又不能使女眾僧團完全自主平等地與男眾僧團並存，否則必引起社會反感。因此不得不使它屈居於比丘僧團的「保護」和監督之下，但是同時，兩者又必須保持一定距離，否則又會引起批評。總之，在理想與現實無法並行的古老社會背景之下，形成與「平等主義」相左的「制度上的男性優越主義」的女性觀，是可以理解的。

在男女平等的理想和事實漸成一致的現代社會，早期的男性優越主義的佛教女性觀，已逐漸失去其存在的理由。現代女性已不再是智識低、判斷力弱的「次等性別」。事實上，她們教育程度高、經濟獨立、自覺、自主、獨立性強，要她們無條件接受男眾領導和監督的理由已不存在。受社會「譏嫌」的不再是男女平等觀，而是性別歧視。以目前臺灣佛教界而言，女性出家眾水準高，

男眾應擯棄男性優越主義的心態，改以平等互尊互重的態度對待女眾。如果自我陶醉於二千多年前的社會意識形態中，恐怕佛教體制上男尊女卑的措施，僅是一廂情願的具文而已。二眾僧團應體認今日提倡平等自由的社會，是實踐佛教平等精神的最佳環境，讓理論與實踐終於有機會可以落實並行。

三、修行上的女性厭惡主義

　　從小乘佛教典籍，我們可以發現比上述「制度上的男性優越主義」，更為消極的女性觀，這是指在修行方面，採取相當極端的厭惡女性態度。男性優越主義和女性厭惡主義的兩種對待女性態度，有其互動關係，前者以男性優越感為導，而在體制事相上佔優勢，以突顯「男尊」。後者強調女性身心的「污穢」，突顯「女垢」，藉以產生對女色的厭惡，以利男性清淨梵行的修持。

　　從原始佛典阿含經中，我們可以隨手拈來不少醜化女性的描述。例如：

　　1.《增壹阿含經》的〈馬王品〉中，有一位婆羅門的女兒，顏貌殊妙。他欲將其女獻於佛陀，佛陀加以拒絕，但是佛陀的一位比丘弟子，卻表現願意接受。於是佛陀加以呵責，並舉出女人有九惡法：⑴女人臭穢不淨，⑵女人惡口，⑶女人反覆，⑷女人嫉妒，⑸女人慳嫉，⑹女人多喜，⑺女人多瞋恚，⑻女人多妄語，⑼女人所言輕舉。這是用女人的「惡法」來消除比丘的貪欲心。

2.《增壹阿含經》卷十二，佛告諸比丘「女人入地獄多於男子」，因為女人「竟日習翫三法以自娛」：

> 早晨時以嫉妒心而自受困擾纏縛。到中午，又以睡眠而受困擾纏縛。傍晚時以貪欲心而自纏縛。

意思就是說女人整天在「嫉妒」、「睡眠」、「貪欲」中過日子。

3.《佛說阿難同學經》記載有一比丘名為掘多，是阿難小時候的同學。掘多出家後，雖「未曾恚怒」，卻貪愛心重，不樂修梵行。他想要捨戒還俗，阿難於是請求佛陀為他說法，佛陀說：

> 女人有五穢行。云何為五：女人臭穢，言語粗獷。反復心，猶如虺蛇，常懷毒垢。女人增益魔眾，難得解脫，亦如鉤鎖。女人不可親近，猶如雜毒不可食。女人不可消亦如金剛，壞敗人身。……女人不可觀察，猶如臭糞。女人不可聽聞，猶如死響。女人如牢獄……女人是怨家，當遠離，猶惡知識。女人為恐怖，猶賊村落。

經過佛陀如此教誡之後，掘多比丘精進修梵行，終於證得聖果。

除了上述的例子之外，其他諸如：「梵行者以見女色

為刺」，「女人梵行垢，女則累世間」等之類的描述，在阿含經中屢見不鮮。阿含經的《玉耶女經》說女人有十惡，《大愛道比丘尼經》更說「女人八十四醜態，令人不得道」，可謂極盡貶抑和醜化女人之能事。

小乘佛教典籍對女性極端負面的描述，其目的顯而易見，即是把女人的醜陋面，當作比丘修習禪定和梵行時，面對欲心生起時的對治法。比丘禪定和淨行的不能成就，當然非女人之過，但是在心理上激起對女性的厭惡感，確實有助他們的修行，難怪一再醜化女性，尤其在色相上。

佛教徒都會同意情欲能障礙解脫，但大部份佛教徒也瞭解，問題並不在於外在的「所欲」，而是自身的「能欲」者。因此，「修行上女性厭惡主義」的女性觀，自古就受到挑戰，即使在充滿厭惡女性思想的阿含經裏，我們可以同時發現有相反的論調。

有位多耆奢比丘，有一天入城乞食時，遇見極為貌美的女子，不禁心意錯亂。他於是以「不淨觀」，觀想此女子從頭至足三十六物皆悉不淨。但是不久他隨即自覺到「觀他形，不如自觀身中，此欲為從何生?」最後他終於覺悟問題的癥結，而說偈曰：

欲我知汝本，但以思想生；
非我思想汝，則汝而不有。

多耆奢比丘在修行上遭遇困難時，一方面能反省自己，另一方面領悟到欲念乃由自心思想而生，而不把自己的問題歸罪於女人，這是小乘典籍中難得的例子。

「修行上的女性厭惡主義」的女性觀，使得佛教典籍中出現不少對女性激烈的污詆，不過，它也比僧團制度中的男性優越主義，受到較多的挑戰和批判。主要是因為刻意對女性產生厭惡感畢竟是一種執著和束縛，這是大乘佛教「空」、「不二」等教義所要去除的執著，所以我們可以在大乘經典裏發現許多反對女性厭惡主義的論調。例如《大寶積經・優陀延王品》中的優陀延王對佛陀說：

> 我為女人之所迷倒，狂斷無知。因此發生麤猛瞋毒，由斯罪業當墮地獄。唯願世尊，利益安樂諸眾生故，慈悲開示女人諂曲虛誑過患，勿令我等親近女人，當於長夜免諸苦。

顯而易見的，優陀延王耽著聲色，雖自知當受諸苦，卻無法自拔，只好請佛陀「細數」女人過患，以產生厭惡女人的心態，易於避開她們。但是佛陀卻對優陀延王說：

> 王應先知丈夫(男子)過患，然後觀察女人過失……。
> 一切丈夫，皆由四種不善愆過，為諸女人所迷亂。

佛陀給優陀延王的當頭棒喝是，如果男人被女人所迷亂的話，那是因為自己有四種「不善愆過」，應自行負責，不得歸罪女人。

　　女性厭惡主義者混淆「所欲」和「能欲」者，更不瞭解二者畢竟空不可得。佛經中有一個隱喻正可說明這一點。有男子到魔術師處，魔術師為他幻化出一美女子，此男子即心生貪愛，愁惱不堪，只好觀想女子之不淨。佛陀藉此譬喻教誡佛弟子：如果他們也像這位男子一樣，執著或觀想本來就不存在的東西的不淨，那就是愚者，不能正確地修習佛法。從以上所舉二部大乘經典對厭惡女性態度的批判，可見大乘佛教建立起比較正確的女性觀，而且具有更深度的學理基礎。

　　以上三種小乘佛教的女性觀，大約在佛陀涅槃後數世紀中陸續發展而成，見於阿含經及一些早期大乘經典中。三種女性觀中，「解脫上男女平等觀」是佛教最基本和最理想的婦女觀，不過，它只屬於理論層次。「制度上的男性優越主義」乃僧團因應社會習俗、大眾接受程度、信眾反應等因素而漸漸形成。雖然厭惡女性的態度早在佛教之前已存在於印度，可是佛教典籍中所見極端的厭惡女性態度，主要是在男、女二僧團之間，以及男眾僧團與社會的接觸漸趨頻繁之後，為了消極地有助於比丘僧的梵行而形成的否定性女性觀。總之，小乘佛教對婦女的態度自有其形成之背景和因素。

當「女人不能成佛論」形成時，否定的佛教女性觀達到巔峰。在佛陀時代，由於佛陀毫無疑問地肯定女性可以證果，有關女性精神上和宗教上的智慧和能力，並沒有引起爭議。但是當部派佛教成立（約在西元前三世紀）之後，較保守的部派所集的經律中，出現所謂「女人五礙」、「女人不能成佛說」的論調，顯然違背佛陀本意。佛經和律典，都是清一色由比丘眾所結集的，由於各部派對女性態度之保守或開放程度有所不同，其內容也就產生明顯的出入，甚至於矛盾的看法。五礙說就是在這個背景之下產生的。

「女人五礙」（或女人不得行五事）是指女人不能成為帝釋、魔王、梵天、轉輪聖王、佛。五礙說散見於各經論，例如早期經律中的《增壹阿含經・馬血天子問八政品》、《中阿含經・瞿曇經》、《彌沙塞部和醯五分律》等，甚至於大乘典籍《法華經》、《超日明三昧經》、《大智度論》等，也都出現「女人五礙」說。《超日明三昧經》中，有位名叫上度的比丘，說明女人不能行五事的原因分別如下：

1. 女人不得作帝釋：勇猛少欲乃得為男。女人雜惡多態，故不得作帝釋。

2. 不得作梵天：奉清淨行，無有垢穢，修四等心，成就四禪定，才能昇梵天，而女人婬恣無節，不得作梵天。

3. 不得作魔王：十善具足，尊敬三寶，孝事二親，

謙順長老，乃得魔王。但女人輕慢不順，毀失正教，不得作魔王。

4. 不得作轉輪聖王：行菩薩道，慈愍群萌，奉養三尊先聖師父，教化人民，普行十善，尊崇道德，為法王教，乃得作轉輪聖王主四天下。但女人有八十四種匿態，無有清淨，故不得作聖王。

5. 不得作佛：行菩薩心，愍念一切，大慈大悲，被大乘鎧，消五陰、化六衰、廣六度，了深慧，行空無相願，越三解脫門，解無我無人無壽無命，曉了無生法忍……乃得成佛。而女人著色欲，淖情匿態，身口意異故，女人不得成佛。

根據以上的說法，女人簡直一無是處。這不但違反佛教精神和佛陀本懷，甚至於背離了最基本的常識。事實上，經中所提到要成為帝釋、梵天、魔王、轉輪聖王、佛，所需要修持的功德，沒有一樣是女性做不到的。因此，類似這樣的女人五礙說，只是男性主義心理作祟，故意詆毀醜化女人，造成一般婦女的自卑感，以突顯男人的優越性而已。

大乘佛教興起之後，修證菩提佛果是主要課題，因此，五礙中的「女人不能成佛」說就成為大乘經論所關心和爭議的問題。原本佛陀時代，女性能與男性一樣證果，已經受到佛陀所肯定，而且事實上也有許多比丘尼證果。為何後來有女人不能成佛說呢？可能有下列理由：

1. 自從比丘尼僧團成立之後，男女二眾僧團互動中，

難免有一些摩擦（例如，大迦葉曾被尼眾譏諷為「小小比丘」，「譬如販針兒於針師家賣針」，有些比丘也曾無理責難比丘尼），但是在佛陀的仲裁之下，比丘尼僧團還是能保持一定的地位。但佛陀涅槃之後，在保守比丘僧的主導之下，尼眾地位，日漸低落，類似女人不能成佛、貶抑女性的說法自然就出現。

2. 小乘佛教有七古佛的說法，釋迦牟尼佛是第七位，接下來是未來的彌勒佛，其間不會再有其他佛出世，女人不能成佛被視為理所當然。

3. 根據說一切有部的說法，在所有世界中，一時只能有一佛出世，不能同時有多佛出現世間。再者，阿羅漢果與佛果有所不同。佛弟子如精進修行，可於今生證得阿羅漢果。但是佛果是要經多生多世，修持六度萬行才能成就的，因此，不管男人或女人都不易成佛。

4. 女人不能成佛說，與佛三十二相有密切關係。三十二相是指佛陀異於常人的莊嚴的身體特徵。譬如頂上肉髻，二手過膝，眉間有白毫，手具足千輻輪等。三十二相本是印度人的信仰，從毘舍拏神話演變而來，象徵最完美的相貌，佛教將三十二相延用於描述轉輪聖王和佛的身相。轉輪聖王是統一世界的理想君王，乃世間最完美者，而出世間最完滿者當然是佛，因此三十二相是成佛的

特徵之一。

如《梵摩渝經》說:「三十二相、八十種好,不足一事者,亦非佛矣。吾今已具,無一不足,故是稱爲佛。」除了佛及轉輪聖王之外,有些經論也說最後身菩薩亦具三十二相。《大毘婆娑論》說:當菩薩修得三十二相時,捨五劣事,得五勝事,即:

1.捨諸惡趣,恆生善趣。

2.捨下劣家,恆生貴家。

3.捨非男生(女身),恆得男生(男身)。

4.捨不具根,恆具諸根。

5.捨有忘失念,恆得自性生念。

佛教認爲佛、菩薩、轉輪聖王都有三十二相,但其間有何不同呢?《大毘婆娑論》說菩薩的三十二相在五大方面勝過轉輪王相,即:⑴得處,⑵極端嚴,⑶文象深,⑷隨順聖智,⑸隨順離染。《大智度論》說有(佛的)「具足」三十二相,和(轉輪王或菩薩的)「不具足」三十二相。後者如十四日的明月,「雖有光明,猶不如十五日」。換言之,佛的三十二相,比其他人的更爲莊嚴圓滿。

《大智度論》也說一般人也可修得或多或少的相好。不過,成佛時必定是三十二相圓滿具足。其實,女人與其他人一樣,精進修持,同樣可修得相好,但是問題在於三十二相中的「馬陰藏相」變成是反對女人成佛的藉口。因此,只要堅持三十二種身體的外相,是成佛的必備條件,就只有兩種結論:一者女人不能成佛,二者女

人必須轉成男子身，才能成佛。這也就是主張平等主義的大乘佛教提出女人「轉身」論，爲女性「解困」的原因。但是要完全超越外相的約束，則有賴大乘空義和佛性思想的闡發。這些建立在大乘教義上的佛教女性觀，留待下章詳述。

第四節　佛陀時代的傑出善女人

一、《長老尼偈》的傑出比丘尼

儘管早期佛教，無論是在觀念或體制上，女性處於劣勢，但是通往解脫之門爲婦女打開之後，許多久經傳統壓抑，樂求佛法的婦女，不斷湧入佛門，其中不少證得阿羅漢果，甚至於能與比丘衆論難法義。《雜阿含經》和《增壹阿含經》的〈比丘尼品〉就是記述這些傑出比丘尼的事蹟。即使是結集阿含經的保守上座比丘，都不敢忽視佛陀時代傑出比丘尼的修證成就，而加以忠實記載，可見這些比丘尼的不同凡響。

《雜阿含經》卷四十五中敍述十位比丘尼如何克服五欲的誘惑，和對她們信仰的挑戰。《增壹阿含經・比丘尼品》中，更列舉五十位最傑出的比丘尼，她們各有其修持上的特長和成就，例如：

法臘第一：摩訶波闍波提（大愛道）比丘尼（Mahā-prajāpatī）

神通第一： 優缽華色比丘尼（Uppalavaṇṇā）

天眼第一： 奢拘梨比丘尼（Sakulā）

智慧第一： 識摩比丘尼（Khema）

苦行第一： 吉離舍瞿曇彌比丘尼（Kisā Gotamī）

持律第一： 波羅遮那比丘尼（Paṭācārā）

說法第一： 曇摩提那比丘尼（Dhammadinnā）

坐禪第一： 藍達比丘尼（Nandā）

精進第一： 蘇那比丘尼（Soṇā）

　　漢譯的《增壹阿含經》雖然列舉五十位各有所長的長老比丘尼，但並未記述她們的學佛過程、宗教體驗。想更詳細瞭解她們，就必須徵諸於南傳佛教巴利文的《長老尼偈》（*Therīgāthā*）。它是記載佛陀時代傑出比丘尼最重要和最詳細的文獻。

　　《長老尼偈》收錄於南傳大藏經經集的「小品」中。一共有十六章，七十三節，五百二十一偈。這是由七十三位長老比丘尼和兩組比丘尼團體所吟詠的偈誦，編集而成的敍述詩集。其中每位比丘尼所誦的偈數，從一偈至七十餘偈長短不一。《長老尼偈》以口傳方式，在印度流傳了好幾百年之後，才在西元一世紀左右以巴利文記載下來。《長老尼偈》除了具有很高的文學價值之外，更重要的是，它是這些比丘尼內心世界真情流露的精髓。她們詠出自己生活經驗、宗教理想、修行過程中的苦樂、悟道的喜悅，讓人讀來深覺親切和感佩。

　　《長老尼偈》本身全是偈頌集成，著重在表露心靈

世界，並沒有關於這些偈頌的比丘尼作者事蹟的記載。大約五、六世紀時，法護（Dhammapala）注解《長老尼偈》，收入其大作 *Paramattha-dipani* 之中。他在偈頌之前，對每一位長老比丘尼的生平事蹟、出家因緣、修行歷程、證果心境等，做了簡短的介紹。對閱讀《長老尼偈》有很大助益。

《長老尼偈》中記載的七十餘位長老尼，大約可分幾大類。第一，皇室貴族出身者，以佛姨母大愛道為首。大愛道對佛教婦女的最大貢獻，當然是由於她殷切求法，尼眾僧團得以成立。因為她來自皇室，許多貴族也跟隨她出家，而且也有不少證得阿羅漢果，其中包括大愛道的女兒孫達莉難陀公主（Sundarī-Nandā）、釋迦貴族的蜜陀（Mittakālī）、蒂沙（Tissā）等。

第二，外道的修行者。佛陀時代，有六十二種外道，各有其不同的教義和修行方式。長老尼中有些原來是外道的信徒。例如，芭達（Bhaddhā）原來是耆那教的女尼，她精通耆那教義，也修練過最嚴格的苦行。她每到一個地方，即將蘋果樹枝插在沙堆上，自認能與她辯論者，就可把樹枝拔出，向她挑戰。經過幾年，無人能贏過她，直到有一天她來到舍衛城，終於被舍利弗折服。芭達體認佛法的高深微妙，於是歸依佛陀，並且出家。由於她早已有深厚的修行基礎，很快地證得阿羅漢果。

第三，家庭主婦和閨女。大部份長老尼未出家前，不是身為母親、妻子，就是女兒，或者是寡婦。她們出

家因緣，有的純粹爲追求解脫之道，有的是從喪夫、喪子之痛，體悟無常而出家學佛。

第四，藝妓、賤女等。由於佛陀對一切眾生平等看待，僧團並不排斥出身低賤者。藝妓、賤女不但可出家，並且同樣能證果。菴婆羅女即是一例。

以下試舉幾位長老比丘尼的事蹟、學佛和證悟的心路歷程。

(一)識摩比丘尼（Khema）

以智慧第一著稱的識摩比丘尼出生於貴族家庭，她有閉月羞花的容貌，後來成爲頻毘婆羅王的嬪妃，很爲自己的容貌自豪。有一次，佛陀駐錫在頻毘婆羅王供養的園林裏，識摩因爲怕佛陀指責她執著美貌，故避不見佛。頻王於是遣人向她詠嘆園林之美，識摩不禁心動，要求國王准許遊園。國王令侍衛等識摩遊園之後，帶她謁見佛陀。佛陀爲度化識摩，以神通力化一美女，貌若天仙，站在佛陀身後，爲佛執扇。識摩不禁相形見絀。同時，佛陀再以神力使此美女瞬間變得面皺髮白老醜，最後仆倒在地而亡。

由於識摩的宿世智慧，她一看到這個現象，馬上領悟諸法無常的道理，而且當下證得阿羅漢果。但是因爲證阿羅漢果者須現出家相，識摩即請國王准予出家。她通達佛法，智慧如海。有一次還爲波斯匿王說法，深得波王的讚賞。在二千多年前極端男尊女卑的印度社會，貴爲國王的波斯匿王，能向一位比丘尼請法，可謂意義

非凡。

(二)吉離舍瞿曇彌比丘尼 (Kisā Gotamī)

吉離舍瞿曇彌出生於舍衛國一個貧窮家庭，後來嫁給一位富有商人。起先她因為沒有足夠的嫁妝而受到婆家的虐待，但是生了個兒子之後，她在家族中的地位大大提高。不久，她的兒子突然夭折，她因悲傷過度而發瘋。她抱著兒子的死屍，挨家挨戶求人救活她的兒子。有人告訴她去向佛陀求助。

佛陀告訴吉離舍瞿曇彌，如果她能向未曾有人過世的家中，乞得一粒芥子，他就可以救活她的兒子。她於是到處乞求，卻得不到如此的一粒芥子，因為每一家庭都有失去親人的經驗。最後她終於證悟諸法無常的道理，而隨佛出家。有一天，佛陀對大眾開示說：

> 若人壽百歲，邪惡志不善；
> 不如生一日，精進受正法。

吉離舍瞿曇彌聽了之後，更加發憤修行，不久即證阿羅漢果。此後並且勤修不懈，被譽為苦行第一。

有一天，當吉離舍瞿曇彌比丘尼，在安陀林禪坐時，惡魔波旬化成一容貌端正少年來擾亂她。波旬說道：

> 汝何喪其子，涕泣憂愁貌；
> 獨坐於樹下，何求於男子。

她不但未受干擾，反而自信地說：

> 無邊際諸子，一切皆亡失；
> 此則男子邊，已度男子表。
> 不悔不憂愁，佛教作已作；
> 一切離愛苦，捨一切闇冥。
> 已滅盡作證，安隱盡諸漏；
> 已知汝弊魔，於此自滅去。

這首偈充分表現她跨越喪子之痛的世俗情縛，進入超脫的精神領域。

㈢優缽華色比丘尼（Uppalavaṇṇā）

優缽華色（或稱蓮花色）比丘尼是舍衛國中一位富有長者的女兒，生得如花似玉，貌美無比。因她的膚色有如優缽華，故被美名為優缽華色女。許多王子、富家公子爭相前來求親，但她因深具宿世善根，故擯棄世間榮華，出家學佛。有一天，當她凝視一盞燈的火燄沉思默想時，漸漸證入四禪定，最後證得阿羅漢果。由於她的禪定功夫深厚，引得大神通，在眾長老比丘尼中，被譽為神通第一。

有一次，當她在樹林中禪坐時，波旬來干擾，說道：

> 妙華堅固樹，依止其樹下；
> 獨一無等侶，不畏惡人耶？

優缽華色比丘尼肯定地回答說：

> 我心有大力，　善修習神通；
> 大縛已解脫，　不畏汝惡魔。
> 我已吐三垢，　恐怖之根本；
> 住於不恐地，　不畏於魔軍。
> 於一切愛喜，　離一切闇冥；
> 已證於寂滅，　安住諸漏盡。

　　優缽華色比丘尼修得的大神通力，是許多比丘和比丘尼所望塵莫及的。《增壹阿含經》的〈聽法品〉記載有關優缽華色比丘尼顯神通謁佛的故事（《長老尼偈注》未見有此記載）。佛陀為報母恩，往三十三天為摩耶夫人說法。經過三個月，諸大比丘思念深切，欲見如來，於是請「神通第一」的目連尊者，以神通力上三十三天，迎請佛陀早日回到世間，佛陀答應於七日後回到僧迦尸國大池水側。諸天人、世間國王大臣、四眾佛弟子等聞訊，爭先恐後急著要去謁見佛陀。須菩提尊者此時在耆闍崛山側縫衣裳，他本來也要趕著去見佛陀。但是，隨即想到：「法皆悉空寂，無造無作，何者是我？如來形相又是如何？我應觀空無常，才是見如來。」於是他又坐下來繼續縫他的衣服。

　　此時，優缽華色比丘尼也急欲前去禮佛。她以神通

化成轉輪聖王，得以第一個見到佛陀。可是，佛陀卻說最先見到佛的是在山側縫衣服的須菩提，因爲：

善業以先禮，　最初無過者；
空無解脫門，　此是禮佛義。
若欲禮佛者，　當來及過去；
常觀空無法，　此名禮佛義。

接著許多國王、長老等也來禮佛。其中優塡王手執牛頭栴檀佛像，請問世尊造佛像的功德如何？佛陀即爲大衆說造佛像的福報，據稱這是造佛像的起緣。

如佛陀所說，禮佛的正確方法應是觀諸法空相、無我，體證佛法性，而不一定要見佛的「身相」，因此，佛陀的訓示優鉢華色比丘尼是理所當然。但是，如果我們細讀整個故事始末，會發現有耐人尋味的地方，多少反應出它對女性的態度。

這個故事的緣起是佛陀在三十三天爲母說法，爲時三個月，衆弟子思念欲見佛陀。於是有三件事情發生：

1. 目連尊者以神力升三十三天勸請佛陀速回人間，衆弟子才能「親眼」見到佛陀。

2. 優鉢華色比丘尼以神力得以最先見到佛陀，但沒有得到佛陀的肯定。

3. 優塡王因思念佛陀，而造佛像供養，佛陀還爲他說造佛像的功德。

以上三人的行動都是爲見佛而起。如果執著以「身相」見如來不如法，三人都應受到佛的訓誡。但是經中唯獨優鉢華色比丘尼受到佛陀的訓斥（雖然此訓斥是應該的），難免使人懷疑結集經藏的長老比丘，有意給「神通第一」的比丘尼難堪。不過，無論這個故事的涵義何在，可以肯定的是，優鉢華色不但證得阿羅漢果，而且以大神通力著稱。

(四)波羅遮那比丘尼（Paṭācārā）

波羅遮那是舍衛國一位富商的女兒。長大後，她暗中愛上家中的一位僕人。當她父親將她許配給一位門當戶對的年輕人時，她與愛人私奔到一個小村住下。不久，她即懷孕。依照印度的風俗，女人須回娘家生產，於是她與丈夫回娘家生下第一個兒子。

當波羅遮那臨將生第二個小孩時，她再度要求丈夫帶她們全家回娘家以便生產。可是在歸途中，她就生下了小孩。她的丈夫到樹林中撿取木材和乾草，以便做臨時休息處。但不幸地，她丈夫被蛇咬死，雖然她傷心欲絕，也只好帶著兩個小孩，繼續趕路回娘家。途中有一條河流，當她帶著兩個小孩涉水過河時，河中激流卻將一個小孩捲走，另一個剛出生的嬰兒則被老鷹抓走。

波羅遮那驟然失去了丈夫和二個孩子，悲痛欲絕。她不知怎麼辦，只好哭著繼續趕路，可是當她抵達娘家時，才發現前一天，家中房屋倒塌，她的雙親和兄弟均被壓死。此時，波羅遮那已無法再忍受巨大悲痛而發瘋。

她衣不蔽體地到處遊走。

　　當她來到佛陀駐錫的祇樹給孤獨園時，佛陀看出她具有宿世善根，於是對她說：「婦人！覺醒汝心！」波羅遮那果然頓時恢復神智，並把她所有不幸的遭遇向佛陀陳述。佛陀告訴她，從往昔無數世以來，她已為許多去世的親人悲痛落淚，其眼淚多於四海中的水，父母子女非依怙處，解脫涅槃才是究竟之道。聽了佛陀的開示之後，波羅遮那馬上證得須陀洹果，並且依尼眾僧團出家。

　　有一天，當波羅遮那比丘尼洗腳時，觀看水滴瞬時消失，頓悟諸法無常。她又同時觀想佛陀的教示：

　　　若人壽百歲，不知生滅法；
　　　不如生一日，體解無常義。

　　不久，波羅遮那比丘尼即證得阿羅漢果。她精通戒律而且身體力行，故佛陀稱讚她「持律第一」。不但如此，她也通達法義，是很傑出的說法師，極具攝受力。其門下有三十大弟子，個個都成為戒行嚴謹的證果比丘尼。

㈤菴婆羅女（Ambapālī）

　　菴婆羅女（或譯菴羅女、奈女等）的出生相當奇特。根據《奈女祇域因緣經》，菴婆羅女前生為貧女，當時有佛名曰迦葉，向大眾說法。貧女乞得一奈果（即芒果）供佛，緣此福報，來世由奈華中，而不是由胞胎出生。

　　舍衛國中有一富有的梵志，家中有棵奈樹。某日梵

志在奈華中發現女嬰，於是抱回扶養，取名叫菴婆羅女。菴婆羅女長得貌美無比，遠近馳名。有七個國王向梵志求親。梵志不知應將她許配給那位國王，爲了避免得罪任何一位求婚者，只好請七個國王自行決定。結果，他們竟然決定要她當婬女，如此大家都可分享她。(根據《奈女祇域因緣經》，她前生誹謗他人，故今生受此報。) 梵志雖然不願意，卻無力反抗。菴婆羅女爲使她父親免於王難，只好答應。不久，她爲頻毘娑羅王產下一子，名叫祇域(亦稱耆婆)。他出生時手持針藥囊，長大後果然成爲名醫，後來隨佛出家，名叫維摩拉（Vimala）。

菴婆羅女當婬女時，累積不少財富，擁有廣大園林。據《中本起經・度奈女品》記載，有一次，佛陀遊行至舍衛國，菴婆羅女即前去聞法，並且邀請佛陀隔日到奈氏樹園接受供養，佛陀默然受請。隨後又有五百長者子，皆爲貴族，亦來請佛受供。佛陀對他們說：「已先受請，佛不二諾。」長者子即對佛說，菴婆羅女既非貴族，且是婬女，佛陀應先接受他們供應。佛回答說：「如來慈普，不問尊卑。」五百長子只好辭退。但是他們還是不甘心，於是相偕到菴婆羅女住處，對她說：「佛陀至尊，來化吾國。供養佛與僧，吾等應先。男尊女卑，汝等應在後。」菴婆羅女究竟不是弱者，她回答說：

　　不要以豪強威力壓迫弱者。但是，如果你們能代
　　我向佛陀乞得四事，我就不敢在你們之前供佛。

四事是：⑴乞令我的心永保善良。⑵乞令我的生命永不滅亡。⑶乞令我的財物永不消散。⑷乞令世尊常住教授，永不到他國。

　　那些長者子承認無法辦到，但是其中有人還是以不能先供養佛陀爲恥。他們就到市場，令商人罷市，好讓菴婆羅女無法購買食物。還好她的倉庫眾膳齊備，只缺薪炭。菴婆羅女令人拿出珍貴的綢布，灌以香油，作爲燃料，最後還是順利地備好佳餚。

　　隔日，佛陀和眾弟子們，依時前往菴婆羅女樹園接受供齋，並爲她和眾侍女說法。她們隨即受五戒，並且「逮得法眼」。菴婆羅女深得法喜，爲感念佛恩，就把菴婆羅樹林供養佛陀。佛陀入滅之前，就曾在此園內教誡諸比丘。後來有一次，當菴婆羅女聽到她的兒子維摩拉尊者說法之後，即決定出家。之後，她從自己的容顏老去，漸漸體會到佛教苦空無常的道理，不久即證阿羅漢果。

　　佛教主張一切眾生平等，佛陀不問尊卑，普度眾生，《長老尼偈》中就有四位婬女得度，證阿羅漢果，菴婆羅女是最典型的例子。未入佛門的眾生，佛陀固然不分貴賤一視同仁，入佛門僧團者更是如此。這就是《增壹阿含經》中所說：「四大河入海之後，都稱之爲海，不再有它們本來的名字，僧團也是如此。婆羅門、刹帝利、吠舍、首陀羅等四姓，於如來處剃除鬚髮，出家學道，

不再有本姓，而皆爲釋氏一姓。」雖然四種貴賤不同的種姓制度，是印度根深蒂固的傳統，但在佛教僧團是不容許存在的。同樣道理，雖然男女性別歧視是人類文明長遠的陋習，也不應容許存在於僧團中。

㈥蘇伯比丘尼（Subhā）

蘇伯比丘尼出生自王舍城的一個富有婆羅門家庭。自幼聰穎，及長，博知經書。聽佛陀說法之後，她成爲佛弟子，且求法的心與日俱增，於是追隨大愛道長老尼出家，不久即證得阿那含果。

有一次，愛欲心重的一位青年，路見蘇伯比丘尼，爲其姿容所吸引，屢屢施於騷擾和引誘。蘇伯比丘尼嚴加訓斥，但是此青年還是說她美麗的眼睛使他情不自禁。蘇伯比丘尼於是挖出自己的一隻眼睛送給他。該男子深受驚嚇，頓失愛欲心，深感慚愧而向蘇伯比丘尼懺悔。後來，她去見佛陀，佛陀特別爲她說法。她更精進修行，不久即證阿羅漢果。

蘇伯比丘尼爲了維護自己清淨的戒行，不惜自挖眼睛，其毅力和勇氣是一般人望塵莫及的。蘇伯比丘尼的例子，正可以打破「女人意志薄弱」的成見。

㈦曇摩提那比丘尼（Dhammadinnā）

曇摩提那比丘尼（意譯爲法樂比丘尼）被佛陀譽爲「說法第一」，她是衆長老尼中，屬於智慧型的，而且是位很有攝受力和領導力的導師。

曇摩提那未出家前，是王舍城一位名叫毘舍佉

（Visākha）居士的妻子。有一天，毘舍佉聽完佛陀說法之後回到家裏。平常當他回到家時，曇摩提那即向前迎接，他都會很友善的回應。可是這天他不加理會，甚至一言不發地獨自吃晚飯，使得曇摩提那不知所措。

毘舍佉吃過飯後，終於告訴曇摩提那，因為聽了佛陀說法深有所悟，所以準備出家，而她可接收全部家產，或者也可以回娘家。

聽了丈夫的話之後，曇摩提那隨即表示她也願意出家學佛。毘舍佉同意她的決定，並且送她去出家。她隨著一些長老比丘尼精進修行，不久即證阿羅漢果。由於善根深厚，能深入佛法，且辯才無礙，曇摩提那遂成為傑出的說法師。

不久，曇摩提那比丘尼回到王舍城，遇見她以前的丈夫毘舍佉，方知道他後來改變心意並沒有出家。不過，他還是個佛教徒，見到曇摩提那，還「稽首禮足」，很虔誠地請問佛法。他問了很多問題，包括八正道、五蘊、禪定、涅槃等，曇摩提那比丘尼均能對答如流。聽完說法之後，毘舍佉再次稽首作禮，「繞三匝」而去。

隨後，毘舍佉去到佛所，並把曇摩提那比丘尼所說法義稟告佛陀。佛陀即說：

> 曇摩提那有大智慧。汝以此句、以此文來問我者，我為汝亦以此義、以此句、以此文而答也。其言真實說、如法說，汝當奉行。

這是佛陀對比丘尼的智慧和說法能力，至極的肯定，因為佛陀把曇摩提那比丘尼的說法，視為「佛語」（Buddha vācana），與佛親口所說法無異。南傳《小部尼柯耶》中，佛陀也曾對另一位比丘尼柯嘉格拉（Kajangalā）的說法，做同樣的讚譽。這些例子驗證了佛陀對女性體解和證悟佛法之能力的肯定，也證明女眾不辜負佛陀當初准許比丘尼僧團成立的決定。

有關曇摩提那比丘尼說法的記載，有件事很值得一提。中譯《中阿含經》中的《法樂（即曇摩提那）比丘尼經》，等於南傳巴利文《中部尼柯耶》的 *Culla Vedalla Sutta*，兩者內容大同小異。但「小異」的地方，卻很耐人尋味。

《中部》*Culla Vedalla Sutta* 記載曇摩提那比丘尼對她的前夫毘舍佉說法的內容。《長老尼偈》注釋中，也曾提到她向毘舍佉說法，得到佛陀的認可。中譯《中阿含》的《法樂比丘尼經》雖也有同樣的記載，但是毘舍佉卻變成「毘舍佉優婆夷」。毘舍佉明明是「優婆塞」（男居士），中譯的《法樂比丘尼經》怎麼會變成「優婆夷」（女居士）呢？

這種情形有幾個可能性。第一，翻譯時的錯誤。不過，這個可能性不大。第二，抄寫時的錯誤。第三，故意篡改。也許有人認為男眾向女眾稽首作禮請法，不甚妥當，所以乾脆就把毘舍佉改成「優婆夷」。

以上僅是《長老尼偈》中的一些例子。事實上，《偈》中每位證果比丘尼各有其特殊的人生歷程、學佛因緣、修行上的考驗，而相同的是她們都能擺脫世俗牽絆，獲得心靈超脫和悟道的法喜。

從長老尼們的不同出生背景，可以驗證佛教平等精神。七十三位長老尼中，有二十三位出生於王室貴族；十三位來自富有商賈；十八位屬於貧富不等的婆羅門種姓；四位為其他低賤種姓；四位是婬女；十一位的出生背景不詳。她們之中許多是未婚者，也有已婚、寡婦等。戒律規定女性出家，必須獲得其父母或丈夫的同意，這或多或少成為她們出家的阻力。不過，這不曾動搖她們求法的決心。

佛陀時代，出家的宗教生活方式，被女性視為一種積極性的選擇，因為與她們在社會和家庭中的角色和地位相比較而言，佛教僧團使她們擁有生命的尊嚴和追求心靈的解脫的可能。以《長老尼偈》中的長老尼而言，她們出家因緣各有不同。不過，最主要的動力是追求自由解脫的願望，包括從世間的牽掛、挫折、艱困、誘惑，或悲傷中得到自由解脫，和從無盡的輪迴中超脫而出，獲得出世間的自由。雖然有一些長老尼因遇世間的逆境為助緣而出家，可是一旦出家之後，她們並不悲觀，而是全心全力的投入佛法的領域。許多長老尼是在聽聞佛陀、長老比丘或比丘尼說法之後，對佛法產生信心而出家。她們不是逃避世間的苦難，而是追求宗教理想。因

此，她們都非常精進修行。例如：希荷比丘尼（Sīhā）聽了佛陀說法之後就出家。她非常努力地修持了七年，卻無法證悟。傷心失望之餘，決定了斷生命。她將繩索綁在樹上，在上吊的前一瞬間，傾最後心力觀照佛法的眞諦，終於豁然開悟，證得阿羅漢果。

二、傑出的女性在家居士

女性對人生問題的敏感性，使她們從古至今一直是宗教的積極參與者，這從佛教的發展就可得到證明。自佛陀初轉法輪後，度耶舍的母親及妻子成爲最早的優婆夷(女居士)，和度大愛道及五百釋女爲最早的比丘尼之後，婦女在佛教中一直扮演重要的角色。佛陀時代的女性在家信衆對佛陀和僧團的大力外護，對佛教發展有極大的貢獻。這些女居士來自社會各階層，包括后妃、貴族士女、商賈婦、普通家庭主婦，甚至於婬女，佛陀都一視同仁地攝受她們，也接受她們的布施護持。

佛陀時代的在家婦女，除了實踐布施之外，也有很多能確實修行佛法，深得法要。《增壹阿含經》中的〈清信女品〉中就列舉了三十位清信女，每個人都有其特點。例如：

智慧第一：久壽多羅（Khujjuttarā）

禪定第一：優達那（Uttarā）

看病第一：須毘耶（Suppiyā）

信心第一：嘉理（Kālī）

布施第一：毘舍佉鹿子母（Visākhā）

慈悲第一：薩瑪耶蒂（Sāmāvatī）

〈清信女品〉中只列舉三十位傑出女居士的名字和特點，並沒有敍述她們的事蹟，後人只能由阿含經、《法句經注》、律典等的零星記載得知她們的行誼。以下列舉幾位「有史可考」的清信女。

㈠毘舍佉（Visākhā）

佛陀時代護持僧團最有力的優婆夷，是被佛陀譽爲布施第一的毘舍佉鹿子母（Visākhā）。事實上，毘舍佉對佛教的護持，除了對僧衆物質上的四事（衣服、飲食、臥具、醫藥）供養之外，她也對僧團提出善意的批評、協助，並弘揚佛法，接引許多人信佛。她可以說是建立僧俗良好關係的模範人物。她的故事的記載主要來自《法句經注》、律典和《優陀那》（Udāna）中的零星資料，《增壹阿含經》也有佛陀爲她說法的記錄。

毘舍佉，別名鹿子母（Mṛgara-mātṛ），乃鴦伽國長者之女，後因嫁彌伽羅（Migāra）之子，而被暱稱爲彌伽羅母，意即鹿子母。毘舍佉的祖父和父親都是商人，家境極爲富裕，是全印五大財閥之一。她的祖父曼達卡（Meṇḍaka）是位虔誠的佛教徒。當她十六歲時，佛陀遊化到了鴦伽國。在祖父的鼓勵之下，她去聽佛陀說法，由於善根深厚，很快就證入預流果。

舍衛國的長者彌伽羅爲他的兒子向毘舍佉的父親提親，她的父親答應，並且整整花了四個月爲她準備非常

豐盛的嫁妝。由於天生的慈悲心，毘舍佉並不執著巨大的財富，反而常常施捨窮人。她的夫家不是佛教徒，而信奉「裸形外道」，她希望他們也能信佛。有一次，佛陀遊化到舍衛國，毘舍佉就禮請佛陀到她家說法。聽了佛陀說法之後，她的尊翁彌伽羅、丈夫，及其他家人都歸依佛陀。彌伽羅因毘舍佉的引進而信佛，他很感激地對她說：「自今日以後，妳是我母。」這就是毘舍佉被稱為彌伽羅母（意為鹿子母）的因緣。

毘舍佉對僧團的四事供養，可與大施主給孤獨長者媲美。根據《法句經注》，他們二人均每天在家中「供僧二千人」。不但如此，毘舍佉還常常自動到僧侶居住的精舍，看他們有無其他需要，對病比丘尤其照顧得很周到。《四分律》記載毘舍佉曾向佛陀發八大願，即：盡形壽供食予(1)外來比丘，(2)遠來比丘，(3)生病比丘，(4)施藥物予病中的比丘，(5)供食與看護病人者，(6)施粥予比丘，(7)施雨衣給比丘，(8)施浴衣給比丘尼。

廣修供養是每個佛教徒都應修持的法門，但是像毘舍佉如此盡形壽大規模的行布施，卻也不多見。毘舍佉另一次著名的布施，是將自己價值九億錢的嫁衣捐出，為佛陀造大講堂。此堂共七層，由目犍連監工，歷時十二個月才完成，命名為「鹿子母堂」。佛陀常於此堂說法，也曾於此為毘舍佉演說《持齋經》（《中阿含經》卷五十五），說明在家居士正確地持八關齋戒的意義和方法。

由於毘舍佉與僧團關係密切，有必要時，她也會提

出善意的批評，佛陀還因此制定一些戒條。依據律典記載，有一次佛陀遊化到了舍衛國的祇樹給孤獨園，當時有位比丘名叫迦留陀夷（Udāyi），因為他仍留戀在家時的妻子，乃持缽到他前妻家乞食，趁此機會與前妻「共床坐，作非法語」。毘舍佉正好有事到迦留陀夷前妻家，聞見迦留陀夷比丘所為，認為極不適當，於是將此事稟告佛陀。佛陀即呵責迦留陀夷，並制戒如下：

> 若比丘共女人，獨在屏處、覆處、障處、可作婬處坐、說非法語，有住信優婆夷，於三法中一一法說，若波羅夷、若僧伽婆尸沙、若波逸提，如信住優婆夷所說，應如法治是比丘，是名不定法。

另一個「不定法」也是因迦留陀夷行為不當而制定的。迦留陀夷出家前有一位好友，其妻容貌姣好，迦留陀夷常繫念她。有一次他著衣持缽到她的家中，二人於露處共坐言談。此時，毘舍佉恰好路過，聽到他們在「說非法語」，心裏想：「這位比丘既坐非法處，又說非法語，若這婦人的丈夫遇見，必當呵罵她，而且會對佛法失去信心。」她於是急忙將此事告知佛陀，佛陀質問迦留陀夷是否確有此事，迦留陀夷承認自己行為不檢。佛陀於是再度制戒曰：

> 若比丘共女人在露現處，不可作婬處坐，作麤惡

語。有住信優婆夷，於二法中一一法說，若僧伽
婆尸沙、若波逸提、是坐比丘自言：我犯是事，
於二法一一法治，若僧伽婆尸沙、若波逸提，如
住信優婆夷所說，應如法治是比丘，是名不定法。

從以上比丘戒「二不定法」制定的因緣，可看出毘
舍佉很關心僧團的清淨，一發現有不如法的情事，也勇
於直接向佛陀揭發比丘的過失，佛陀也都接受她善意的
批評。這件事與「八敬法」明文規定比丘尼不得揭發比
丘的過失相比較，似乎反應出佛陀時代在家女居士的地
位還高於比丘尼呢！

第三個因毘舍佉而制戒的例子，與她的孫子出家有
關。據說毘舍佉有十個兒子和十個女兒，而每一個兒女
又各有十個兒子和十個女兒，其中一位孫子發心想出家，
於是就到僧團請求剃度，但是，眾比丘告訴他說：

居士！僧團有一個規定，就是在結夏安居期間，
不許有人剃度出家。請等到安居結束之後，再來
請求剃度吧！

毘舍佉的孫子遭拒絕之後，只好悻悻然離去。三個
月後結夏安居結束，眾比丘告知他可來出家，他卻說：

尊者！若當時能蒙准許，我很樂意出家，但是現

在我已改變心意，不想出家了。

當毘舍佉知道這件事之後，非常不高興地說：

粟比丘僧怎可立安居期間不可出家的規定呢？難
道佛法不是時時刻刻都可求的嗎？

那些比丘僧將毘舍佉不悅的事告知佛陀，佛陀於是
制戒說：

比丘們！不可訂立安居期間不准出家的規定，違
者犯突吉羅（輕垢罪）。

由以上三例可見毘舍佉對僧團的影響力。有時候，
佛陀還會主動徵詢她有關僧團的意見。例如，有一位女
子出家之後生下一個小孩，提婆達多堅決要將她逐出僧
團，而此女子辯解她是出家之前懷孕的。因此，她去見
佛陀，堅持自己的無辜。佛陀將此事交付毘舍佉處理，
後來她終於證實那個比丘尼的無辜。

毘舍佉被譽為布施第一，確實當之無愧，不過，她
對佛教的貢獻，不僅在物質上的施捨。她多方面對僧團
護持，並建立良好的僧俗關係，對初期佛教的發展，有
很大助益，其功勞不下於任何男性居士。

㈡末利夫人（Mallikā）

末利夫人也是佛陀時代一位重要的優婆夷。根據《有部毘奈耶雜事》，末利夫人是中印度迦比羅衛國人，乳名明月。父親名摩納婆，母親是婆羅門種。其父親過世後，家道中落，她於是淪爲摩訶男（Mahānāma 即大名）之婢女。她奉命每日到末利花園林中爲摩訶男的老母親採花結鬘，因此她又名「勝鬘」（《勝鬘夫人經》的主角勝鬘夫人是她的女兒）。

有一天佛陀入城乞食，末利見佛相好而生信心。她自忖往昔不修供養，故今生貧賤，於是以飯食供佛，並祝願說：「願我此福得捨婢身，永離貧苦獲大富貴。」不久，憍薩羅衛國波斯匿王（Prasenajit）出行遊獵，其所乘車馬，忽然失控而奔馳入摩訶男的園林中。波斯匿王見末利儀容超絕，善解人意，於是納爲夫人，以其來自末利花園，故稱末利夫人。

末利夫人育有一兒一女。根據《雜阿含經》的記載，當末利夫人生下女兒時，波斯匿王非常失望，因爲他還是有強烈的重男輕女的觀念。佛陀曾安慰他說：「女兒尤勝於兒子。」此常被引用做爲佛陀不輕忽女性的佐證。末利夫人的女兒聰穎過人，及長，爲阿踰闍國友稱王之妃，名爲勝鬘夫人。因受其父母之薰陶而信佛，曾宣說《勝鬘師子吼一乘大方便方廣經》，並蒙佛授記當得作佛，號普光如來。

古印度婆羅門等外道廣行殺生祭祀，佛陀則教導人民行慈不殺，他說：

若人壽百歲，勤事天下神；

象馬用祭祀，不如行一慈。

末利夫人緊守佛陀不殺生祭祀的教示。有一次，波斯匿王做了個惡夢，於是請婆羅門祭師解夢。他們告訴國王必須很多畜生，便可解除這個不祥的徵兆，波斯匿王於是叫人準備大批的牛、羊、豬等畜生，準備用以祭神。末利夫人極力反對，並以佛教不殺生的道理開導國王，終於使他放棄殺生祭祀的傳統。

末利夫人不但自己信佛，她更進一步也接引波斯匿王歸依佛陀。《中阿含經》卷六十的《愛生經》中有一位梵志因喪子而悲痛不已，佛陀開示他說：「若愛生時，便生愁慼啼哭，憂苦煩惋懊惱。」不久，波斯匿王輾轉聽到佛陀的這個教示，但心生懷疑，因為他認為「愛生時，生喜樂心」才對。於是，末利夫人鼓勵他當面請示佛陀。佛陀開示他任何自己所喜愛的事物，如父母子女、財富名位等等，皆屬無常法，必有變異，而一旦有變異，必生憂苦。佛陀舉了幾個例子說明之後，波斯匿王終於信服，並歸依佛陀成為優婆塞。波斯匿王成為佛弟子之後，對佛法的推展有很大貢獻，這不能不歸功於末利夫人的接引。

波斯匿王和末利夫人信佛虔誠，對僧團也很關心。有一戒條就是因為他們善意的反應而制定的。根據《大品》的記載，有一次，波斯匿王和末利夫人在高樓閣上，

遙見十七位年輕比丘在河水中嬉戲，他們「從此岸至彼岸，或順流或逆流，或此沒彼出，或以手畫水，或以水相澆潑」。波斯匿王即對末利夫人說：

「看看！這些就是所謂的修行者嗎？」

末利夫人解釋說：

「這些年輕的比丘出家不久，故學佛不深。」

說完之後，她急忙下樓，把一裹石蜜交給那十七位比丘，要他們代為供養佛陀。當佛陀接受石蜜，看到那些比丘衣服還是濕的，問明原因之後，佛陀呵責他們這種行為「非威儀、非沙門法、非淨行、非隨順行」，於是制戒：「若比丘水中嬉戲者，犯波逸提戒。」

末利夫人不僅希望別人謹守戒律威儀，她自己更是堅持不犯。《法句譬喻經》中提到有一次波斯匿王要將珍貴瓔珞珠寶賜於諸夫人，他要她們出來列隊接受珍寶。於是衆嬪妃盡出，但唯獨不見末利夫人，波斯匿王問侍女何以夫人不出，侍女回答說：「今天十五日乃持齋日，應素服不著香華珠寶嚴身。」

波斯匿王非常不悅，令侍人請出末利夫人。三請之後，她雖以素服出現在衆后妃之中，但她「猶如日明，倍好於常」。國王問末利夫人何以能如此，她說：「持佛法齋，心無貪欲」所致。國王很高興，還是把最好的珍寶賜給她，但是她不願接受，而建議將它拿去供養佛陀。佛陀接受供養之後說：「如持天下十六大國滿中珍寶持用布施，不如末利夫人一日一夕持佛法齋，因其積福學慧

可到涅槃。」這是佛陀強調謹守齋戒不犯，甚至於比供佛諸多珍寶功德還大。

末利夫人是位福慧雙修型的佛弟子，她不僅大力布施求福報，而且能認真持戒和聞法。她更進一步弘揚佛法，使她的王夫、宮女等以佛法為歸依處。因為對教團的關心，她也適時、適當地提出批評，使僧眾的行事更為如法，以避世譏嫌。總之，末利夫人是佛陀時代標準的在家女居士。

(三)須毘耶（Suppiyā）

須毘耶女居士被佛陀譽為眾優婆夷中「看病第一」，她的生平不詳，不過，《大品》中記載一段有關她照護生病比丘的感人故事。須毘耶生性慈悲，對病人尤其關照，她常常到僧眾的住處照顧生病比丘。有一次，一位患有痢疾的比丘告訴須毘耶須要喝肉湯以療病。根據《十誦律》，有三種肉，病比丘可食，稱為淨肉：(1)眼不見殺，即不親眼見生物為自己而殺；(2)耳不聞殺，即不聞是生物為自己而殺；(3)不疑殺，即知此處有屠家，或有自死的生物，故沒有為自己殺之嫌。

須毘耶乃令僕人上街買肉，但是那天正好是禁屠的日子，無肉可買。須毘耶心想：「假如那位病比丘不服用肉湯，可能病情加重，甚至於死亡。我既已答應供養，不應食言。」於是她割下一塊自己的腿肉，命人煮熟拿去給病比丘食用。後來當她見到佛陀時，其傷口不治而癒。

《優婆塞戒經》中說在家男女二眾，如遇到「病者

求病食藥，應當方便隨宜喻語，不得言無。……如是瞻養治病，當知是人是大施主，真求無上菩提之道」。許多大乘經典都提到無論出家或在家菩薩，均應不惜「外財」（如錢財、飲食等）和「內財」（如頭目腦髓等）而行布施。須毘耶除了常常瞻護病患，更不惜身命割肉為人療病，她不僅是位虔誠的優婆夷，菩薩亦可當之無愧。

除了以上所舉的三位傑出女居士之外，還有「智慧第一」的久壽多羅，「說法第一」的鴦竭闍，「禪定第一」的優達那等。佛陀時代的女信眾來自社會各階層，與僧團保持很密切的關係。僧眾負責傳授佛法，提昇她們的精神生活，而她們則給予僧眾四事供養，提供最基本物質生活上的需要，各取所須，也各蒙其利，良好的僧俗關係，對早期佛教的開展有很大的貢獻。

總而言之，從早期佛教的經典（北傳阿含經、南傳尼柯耶）、律典、傳記性質的《長老尼偈》等，我們可以勾勒出佛陀時代的善女人在菩提道上的心路歷程、社會功能、僧團中的角色和地位。佛陀從人性的本質觀察，肯定在心靈提昇、智慧開發、佛法行持、涅槃解脫等各方面，男女可達到相同境界，事實亦證明如此。然而，佛教畢竟是存在於世間，不能不與世間法產生互動關係，因此，就出現了世間法和出世間法立場不同的佛教女性觀。就出世間法而言，佛教主張男女平等；就世間法而言，則在體制和僧團組織上，傾向男性主義；而在個人修行上，產生排斥和厭惡女性的論調。

世間法屬於因緣法,因不同的時空因素而有生有滅。二千多年前男尊女卑是社會常態,男性優越感是普遍的文化現象。佛教體制上和觀念上的男女不平等是那個時空因緣所造成。幸運的是,也正因為它是因緣法,必隨因緣而生滅,也就有改變的可能性。因此,我們可從原始佛教、小乘佛教到大乘佛教的歷史和思想的發展中,看出佛教對女性觀念和態度的良性改變。以下就大乘佛教思想所反應出的女性觀加以討論。

第二章　大乘佛教的婦女觀

　　佛教的發展依序是「根本佛教」、「原始佛教」、「部派佛教」、「大乘佛教」、「祕密大乘佛教」等。佛陀成佛後，四十餘年的弘法教化活動是「根本佛教」。佛滅後到部派對立形成之前是一味的「原始佛教」。大眾部（Mahā-saṃghika）和上座部（Sthavira）分立之後，逐漸形成二十個部派，到大乘佛教成立之前，是「部派佛教」（約自西元前三世紀後期至西元一世紀後期）。

　　佛陀成正覺後，將其自證的內涵，弘傳於人間，這是「法」的現證和開示，也是佛法的根本。在世尊「法」的內容中，沒有人我、男女等二元的對立或分別，故佛陀時代的「根本佛教」，女性在佛法中享有史無前例的尊嚴和平等。佛陀孜孜不倦的遊化過程中，隨佛出家的人數逐漸增加，既然已結合成一個團體，就不能沒有組織，於是有僧伽（Sangha）制度的成立。僧制的形成是漸進的，也就是說，佛陀隨實際情況的需要，而制定不同的規則律儀。更重要的是世尊會隨宜增減或修改已定的規制，顯示了僧伽制度是融通、開明、有伸縮性，而非僵

硬不可變化的。

僧伽制度的建立，一方面是爲了有利於僧伽個人身心的修證，另一方面也是團體生活很重要的軌儀，乃大眾和樂清淨必備條件。以一個宗教團體負起「正法久住」世間的重任而言，僧伽制度有絕對的必要性。爲了使「正法久住」人間，佛陀制戒因緣，不免有許多「隨順世間」的情況。因此，在世尊「僧伽制度」中，出現了隨順世間男尊女卑的一些規則。但是，如上所說，佛制並非僵化的。爲求合情合理，佛陀會去修正自己以前所立的律制。例如：「八敬法」中本來規定「比丘尼不得呵罵比丘」，但是後來又修正爲：「若教持增上戒、增上心、增上智、學問、誦經，如是事應呵。」

又如：迦留陀夷比丘無故「罵打比丘尼，若唾、若華擲、水灑、若說粗語、詭語、勸喩、行不淨行。」雖然敬法中允許比丘罵詈比丘尼。但是佛陀知道了迦留陀夷對比丘尼的不當言行之後，嚴加呵責，並且允許「比丘尼僧爲迦留陀夷作不爲白二羯磨」。也就是說，此後比丘尼可以不必向迦留陀夷作禮行敬法。以上二例，可以看出佛陀時代的戒律規則雖然偏袒男眾，但佛陀會隨時修正，故當時女眾在僧團體制中，還是能得到合理化的待遇。

佛陀知道自己入滅之後，律制的伸縮性將爲之消失。因此，留下「小小戒可捨」的遺命，小小戒是指不會動搖根本戒律精神的一些生活細節上的規範。這些規範，

與當時的社會潮流、文化思想、經濟生活有關。如時空因素改變、文化與經濟生活形態不同，這些微細的「小小戒」，就失去其存在的意義，因此佛陀交代阿難，等佛陀入滅之後，可由僧眾「一心和合籌量，放捨微細戒」。可惜的是，保守的大迦葉卻違抗佛陀遺訓，決議為：「若佛所不制，不應妄制；若已制，不得有違。」

保守派的迦葉之所以有如此的決議，是因為他責怪阿難當時沒有請問佛陀那些戒規屬於「小小戒」，所以無所遵循。殊不知即使阿難請示佛陀，佛陀也不會給他一套「標準答案」，因為這些「小小戒」是隨不同的時空因素而有所不同，不能一概而論。再者，佛陀有意將戒律伸縮性的決定權交付給後代的佛弟子，由他們的智慧來做最正確的取捨。可惜是後代佛弟子不能體會佛陀的用心良苦，反而遵守迦葉僵硬不化的戒律觀，這也就是僧眾在現代社會想恪守許多「不合時宜」的戒條時，陷入兩難困境的主因。僵化的戒律觀對比丘尼僧團的影響更是深遠，因為那些在當時時空因素下形成的帶有歧視女性性質的戒條，即使在全然不同的社會、文化、思想、經濟的情況下，也沒有改變的可能性。

釋尊入滅後到部派佛教，可謂是女性最被貶抑的時代。此時期經律不斷地傳誦和結集，這些工作全由比丘眾執行。保守的上座比丘多少在經律中強調女性的弱點，塑造成消極的女性觀。這種情形到大乘興起之後，逐漸改善，至少在理論上如此。

大乘佛教是由大眾部及其支派發展而成。大眾部發展來自重「法」者，他們的心態較爲開明通融，少欲知足而不強調頭陀苦行，闡揚慈悲而廣爲人間敎化，對待女性，採較寬容的態度。

　　菩薩道和佛陀觀是大乘佛敎很重要的特點之一。菩薩的發菩提心、修行六度萬行、成佛，是菩薩道的歷程，也是大乘佛敎的主要內容。菩薩思想源自「本事」、「本生」：佛陀在過去生無數生死流轉中，一生又一生地修利他行，終致成佛。如果世尊能經由修菩薩道而成佛，則一般凡夫眾生依樣修行，也應可成佛。因此，菩薩道等於是所有眾生成佛之道。

　　菩薩是「菩提薩埵」的簡稱。菩提譯爲「覺」，有別於聲聞乘的覺悟，所以叫做「無上菩提」、「佛菩提」。「薩埵」，譯意爲「有情」。簡單來說，菩薩就是求無上菩提的有情眾生。《大毘婆娑論》卷一百七十六，描述菩薩「隨順菩提、趣向菩提、親近菩提、愛樂菩提、尊重菩提、渴仰菩提……恆於菩提勇猛精進。」可見菩薩無數生死中，不懈不息、勇猛精進，勤求菩提的特色。所以菩薩也稱爲「勇士」。菩薩除了「上求菩提」之外，也「下化眾生」。所有菩薩無不以大慈大悲救苦救難的悲心和各種善巧方便去普濟一切眾生。

　　由於大乘佛敎菩薩思想開明、自由、平等的風格，使得在部派佛敎形成的「出家與在家」、「男眾與女眾」、「耆年與少壯」等對立的現象逐漸淡化。依律制而言，

出家眾應組成僧團，過團體生活，並負起推動佛法的責任。而在家佛弟子則有護持僧團的義務。在形式上，出家僧受到在家弟子的尊敬、供養、禮拜，出家眾顯然佔了優越的地位。在修證上，出家眾亦勝過在家眾。一般而言，在家者不能證得究竟的阿羅漢果。雖然北道派主張在家者可成阿羅漢，不過根據《彌蘭王問經》，即使「在家得阿羅漢果，不出二途：即曰出家，或般涅槃。」也就是說，在家居士證阿羅漢果之後，不是要馬上出家現僧相，就是得進入涅槃，而不能再現在家相。北道派的「在家阿羅漢論」可能是因為有些在家佛弟子，精進修行後，自覺所證悟不下於出家眾，對出家優越性提出的反彈。到了大乘佛教興起，菩薩常以在家身份出現，甚至於超越聲聞乘出家者，充分表現「出家」與「在家」的平等思想的進一步發展。

部派佛教中，男眾與女眾的不平等對立，已在前面詳細討論。但是這種情形在大乘興起後，漸漸改善。《大智度論》說：「在家菩薩，總說在優婆塞、優婆夷。出家菩薩，總說在比丘、比丘尼。」大乘佛教中，在家者與出家者都是以菩薩身份出現，意味著在家眾地位的提昇，經典中每以「善男子、善女子」稱呼他們。他們也是大乘佛法的弘持者，許多經典以在家菩薩為主角或說法者，例如：《維摩詰經》、《大寶積經》中的〈善順菩薩會〉、〈賢護長者會〉等。女菩薩達到相當證悟程度的也不在少數，而且能作「師子吼」，與聲聞僧辯論法義，例如：

《佛說長者女菴提遮師子吼了義經》、《勝鬘師子吼一乘大方便方廣經》、《阿闍貰王女阿術達菩薩經》等，都是以女菩薩為主角的經典。可見女性在大乘佛教所受到的重視比在部派佛教，真是不可同日而語。這種現象除了是基於大乘佛教自由平等的精神之外，另一個重要原因是最初大乘教團成立，曾受到許多婦女的信受和護持。

傳統佛教倫理的長幼次第，不是依世俗種姓的尊卑、學問或年齡的高低而分，而是以出家受戒的前後次序而定。戒律規定「先出家者，應受禮、起迎、合掌、低頭、恭敬。先出家者，應作上座。」依《毘尼母經》，僧臘（受具足戒後起算的年齡）二十以上者為上座（或說「十夏」以上為上座）。

佛滅後，佛教由上座們領導，也受到應有的尊敬，但是年長者，較易傾向保守。部派分裂時，保守的長老派，就名為上座部，而佔多數的少壯自由派，就稱為大眾部。少壯者富想像力，容易接受新觀念，改革性強。大乘佛教的興起就是歸功於大眾部內少壯利根者弘揚起來的。可想而知，大乘佛教中耆年和青年之間的對立和隔閡，逐漸打破。大乘經典中，還出現不少童男、童女菩薩講經說法，例如：《大寶積經》中的妙慧童女、淨信童女，《善思童子經》的善思童子，《月光童子經》的月光童子，《法華經》的龍女，《華嚴經・入法界品》中的善財童子等，他們論究法義的能力都不下耆年上座呢！

大乘佛教菩薩自由平等開放的思想，打破傳統佛教

出家在家、男眾女眾、耆年青年之間的對立矛盾。對女性而言，它更大大提昇她們的地位，但是，與在家女居士相比較下，在大乘佛教中，比丘尼的地位，顯然沒有像女居士那樣地提昇。像原始佛教時集成的《長老尼偈》不曾再出現。大乘有不少以在家女菩薩為主角的經典，卻不曾有任何以比丘尼作師子吼，與比丘僧辯論法要的典籍。《華嚴經‧入法界品》的善財童子五十三參中，包括五位比丘，一位比丘尼，優婆夷（女居士）四位，童子三位，童女二位等。比丘尼的善知識尚且不及童子、童女的多，可想像比丘尼受到輕忽的嚴重程度。這除了歸諸於傳統社會習俗的歧視之外，恐怕是小乘律制中自我設限造成的負面深遠影響的結果。

大體而言，大乘佛教對女性是慈悲、包容的。但這並不表示所有大乘經典皆持相同的女性觀。我們可從大乘經典中，大約可歸出四大類，各反應出對女性不同的態度：⑴持否定女性觀的初期大乘經典，⑵「淨土無有女人」的淨土經典，⑶承認女性為初階菩薩的經典，⑷承認女人能「即身成佛」的經典。以下逐類加以討論。

第一節　持否定女性觀的
　　　　　初期大乘經典

大乘佛教興起後，一方面對其前期的部派佛教思想和體制有所批判、推展，或改革，另一方面卻也不能馬

上擺脫其影響。因此，我們還是可以在初期大乘經典中，發現小乘佛教女性觀的蹤跡。且以《大寶積經》中〈優陀延王會〉為例。經中優陀延王因被他的嬪妃所迷惑，而對如來及諸聖眾心生毒害意。後來他自己知道過錯而向佛陀懺悔。佛陀要優陀延王先知自己過患，然後再觀察女人過患。女人有那些過患呢？試舉經中所說的幾個例子：

1. 「女人能壞清淨禁戒，亦復退失功德名聞，為地獄因，障生天道。」
2. 「女人能集眾多苦事，假以花香，而為嚴好，愚人於此，妄起貪求。」
3. 「女人能作眾苦之因，欲能滅壞一切安樂。」

女人有這麼嚴重的過患，應如何看待她們呢？

> 如死狗死蛇，穢惡而壞爛；
>
> 亦如燒糞穢，人皆厭惡之。
>
> 死蛇糞狗等，雖甚可厭惡；
>
> 如是諸女人，可厭復過彼。

如果「愛染親近女人」，結果如何呢？經中說：

1. 「迷醉於女人，貪火所燒害，由斯墮惡趣，無依怙亦然。」
2. 「親近於女人，貪欲愛堅固，如人觸毒蟲，便為毒所害。」

3.「殺者之利刀，雖復甚可畏，女人刀可畏，傷害
　　復過彼。」

　以上〈優陀延王會〉中對女人的描述，與小乘典籍
的論調幾乎沒有什麼不同。女人被視爲一切過患的化身，
障道的禍首，所以經中說：

　　能於女人，深生厭離，則爲莊嚴，清淨天道，亦
　　當速證，無上菩提。

　換言之，修行者不能速證無上菩提，乃女人的過錯，
因爲女人有無數穢惡不淨，是「惡中之惡」、「衆苦之本」，
會使男人「壞清淨戒」。這種強調女人過患，以激發厭惡
女人心態的作法，其實只是爲了保護男性的戒行，消極
意義重於積極意義。不過，〈優陀延王會〉比小乘典籍好
一點的是經中佛陀在廣說女人過患的同時，也教誡優陀
延王須觀察自己的過患。

　有個值得一提的現象，那就是雖然有許多佛典呵責
女人的衆惡，使男性修行者以不淨觀對治欲念，卻不見
有任何典籍對男性有負面的描述，以減少「男色」對女
性修行者的威脅。這可能有兩個原因：第一，充滿大男
人主義優越感的傳統社會中，不容許在女性面前詳細數
落男性的過患。第二，這種情形也可能暗示在修行過程
中，女性遭遇情欲上的困擾較男性爲少，或者說她們較
能克服這方面的問題，故佛典中不必一再教誡她們男子

的「可厭惡」。如果說早期佛教「厭惡女性主義」的婦女觀能呈現任何正面意義的話，就只能從這個角度去瞭解了。

幸好大乘佛典中像〈優陀延王會〉那樣貶抑女性者並不多見。事實上，基於大乘的教義，大乘佛教的女性觀隨之逐漸提昇。下面從淨土經典來看婦女地位。

第二節　淨土經典的女性觀

宗教對人類的最大意義，除了心性的淨化和昇華之外，它爲生活在有缺憾和苦難的現實人間，提供了可到達的理想世界。因此，基督教有天國，佛教有淨土。對佛教徒而言，淨土是個無有衆苦的樂土。它雖然並不是最終涅槃的境地，卻是幫助衆生達成身心超脫的理想修行場所，是佛弟子心中嚮往的地方。

淨土思想與三世十方的佛陀觀有密切關係。小乘佛教認爲世尊成佛之前，已有六佛存在，但卻不承認現在的十方世界有多佛同時出世的說法。大乘興起後，十方世界多佛並出的思想漸成定論，不但十方世界有無數佛，而且諸佛各有他們自己經累劫修行功德莊嚴而成的淨土。

十方淨土與佛的「本願」有關。本願是菩薩在往昔無數生中爲救度衆生所發的誓願。佛菩薩所發的本願分爲「總願」和「別願」。總願是「度無邊衆生，斷無盡煩

惱，學無量法門，成無上佛道」的四弘誓願。「別願」是
菩薩依各自之意樂所發的誓願，例如阿彌陀佛的四十八
願、藥師佛的十二願等。佛淨土的特性，即依各個菩薩
的別願莊嚴而成。

　　雖然十方世界中有無數佛和無數淨土，大乘經典中
最常提到的二大淨土是：阿彌陀佛的西方極樂世界，和
阿閦佛的東方妙喜世界。另外，還有在中國佛教受到廣
泛信仰的藥師如來的琉璃淨土。從《阿彌陀經》、《阿閦
佛國經》、《藥師如來本願功德經》等，我們可以看出諸
佛本願中，如何看待或救濟現實中飽受歧視的婦女。

一、阿彌陀極樂淨土

　　極樂世界是個「無有眾苦，但受諸樂」的佛土。這
是阿彌陀佛未成佛前身為法藏比丘時，發四十八願莊嚴
而成者。這四十八願反應出對女性什麼樣的看法呢？《大
阿彌陀經》中法藏比丘發的第二願說：

> 我作佛時，我剎中無婦女，無央數世界諸天人民，
> 以至蜎飛蠕動之類，來生我剎者，皆於七寶水池
> 蓮華中化生，不得是願，終不作佛。

　　從此願可見極樂世界沒有女人，所有一切眾生，
包括天人、人類、蜎飛蠕動的生物，生於極樂世界時，
都是從蓮花化生的。經中並沒有說明蓮花化生後的眾生

是以何種身相存在，不過可以肯定的是，女身被排除在外。爲什麼經中特別強調佛刹中無婦女身相呢？從第三十二願，可以獲得答案。

> 第三十二願：我作佛時，十方無央數世界有女人，聞我名號喜悅信樂，發菩提心，厭惡女身，壽終之後，其身不復爲女，不得是願，終不作佛。

古代社會中，女性受到不少壓抑，女身象徵著污穢和苦難。許多女性難免要「厭惡女身」。因此，清淨的佛土不希望有女身存在是可以瞭解。不過，阿彌陀佛的本願，有個很重要的觀念，不可忽視。即是，雖然幾部有關阿彌陀佛的經典中，一再強調「淨土無有女人」，並不意謂「女人不能往生極樂世界」，而是女人往生之後，皆捨棄女身。雖然淨土經典沒有擺脫「女身可厭」的刻板偏見，至少在阿彌陀佛普濟的本願中，並沒有排除女人往生的可能性。

二、藥師如來琉璃淨土

如同阿彌陀佛，藥師佛也在過去生中行菩薩道時，發大誓願濟度眾生。藥師佛十二大願中的第八願說：

> 願我來世得菩提時，若有女人，爲女百惡之所逼惱，極生厭離，願捨女身，聞我名已，一切皆得

轉女成男，具大丈夫相，乃至證得無上菩提。

　　這個願中，提到二個重要觀念，一是女人為「女百惡」所逼迫，自生厭離，願捨女身。二是女人如有此心願的話，往生藥師琉璃光如來淨土時，就可以「轉女成男，具大丈夫相」。

　　願中所謂的「女百惡」，要強調的是女人有身心兩方面的種種缺失和「惡事」。其實，逼迫女人的「百惡」，其中大半恐怕還是來自社會、習俗等外在的「惡」。就以今日的印度而言，販賣女人、寡婦殉葬、嫁妝少而受虐待，甚至於被燒死的例子，屢見不鮮，難怪印度婦女要「極生厭離，願捨女身」。

　　「轉女成男，具大丈夫相」──「轉身」的觀念，在原始經典即已出現。如《中阿含經》說：

　　大仙人瞿毗釋女是世尊弟子，亦從世尊修習梵行，憎惡是女身，愛樂男形。轉女人身，受男子形，捨欲離欲，身壞命終，得生妙處三十三天，為我作子。

　　可見在阿含經集成時，已有轉女身受男形的觀念。不過，這時期轉身的消極意義較大。大乘佛教中的「轉身觀」成為許多經典的重點，但因它與往生淨土、成等正覺等觀念相關聯，因此有更深的含義。

　　由以上有關彌陀和藥師淨土的經典，可以看出佛教

女性觀的改變。經典中不再反覆地描述女人身心世界的
穢陋，更重要的，它並不否定女人有往生淨土的可能性。
然而，必要的條件是必須捨棄「汙穢」的女身，以「清
淨」的「大丈夫相」存在於淨土中，其涵義顯而易見。
總之，這時期的女性觀，一方面還是沿襲前期佛教厭惡
女身的心態，另一方面卻也能夠以同情慈悲的心態接納
女性。不過，這還是未能契合大乘佛教「心無所著」的
空義，因為到底「男淨女穢」的分別相的意識形態還是
存在，否則也不會有「淨土無有女人」的說法出現在淨
土經典中。

三、東方阿閦佛淨土

阿閦佛在過去生中修菩薩道時，於大日如來前發大
誓願，願對一切人不起瞋恚，不求二乘果，不念十不善
等，因此被稱為阿閦（Akṣobhya）（無瞋恚）菩薩。他
也發了十二大願來清淨和莊嚴其國土。

阿閦佛淨土是所有佛淨土中，唯一有女身出現的淨
土。由於阿閦佛願力的關係，其國中女人有下列特性：

㈠德行高遠

《阿閦佛國經》說：「其佛剎女人德，若比玉女寶者，
玉女寶不及其佛剎女人百倍、千倍、萬倍、億倍、巨億
萬倍不與等。」阿閦佛淨土中的女性之所以能有如此高的
德行，與阿閦佛「世世為女人說法」有關吧！

㈡生理上的特點

一般女性生理上的不淨和痛苦，阿閦佛土中的女性都可倖免。例如《阿閦佛國經》說：

> 阿閦佛刹女人，妊身產時，身不疲極，意不念疲極，但念安穩亦無有苦。其女人一切亦無有諸苦，亦無有臭處惡露，是爲阿閦如來昔時願所致。

㈢性格上的特點

傳統上認爲女人性格上的過失，例如好妒、撥弄是非、惡口等，阿閦國土的女人都沒有這些缺點。如《阿閦佛國經》中說：

> 佛語舍利弗：其阿閦佛刹女人，無有女人之態，如我（釋迦佛）刹（娑婆世界）中女人之態也。舍利弗！我刹女人態云何？我刹女人：惡色醜惡舌，嫉妒於法，意著邪事，我刹女人有是諸態。彼（阿閦）佛刹女人無有是態。

從以上阿閦佛淨土中女人的身心特色來看，這是所有淨土經典中最肯定、開明的女性觀。它容許女人以女性的形相存在，卻沒有女人生理上的不便和苦處，也沒有女性性格上的缺點。更重要的是，此淨土中的女人有許多德行。

總而言之，所有淨土經典都顯示對女性接納的態度。

不過，除了阿閦佛淨土之外，其他淨土女人必須轉女成男，才能與淨土的清淨體性相應。這種觀念還是未能超越執取外相的束縛。《阿閦佛國經》持最開放的態度，但是並未涉及解脫論上女人成佛的問題。

第三節　含轉女身說的經典

大部份的大乘經典承認女性可能成為初階菩薩，一般認為女人經過長時間的修行，自然也可晉身登地菩薩，但八地以上的菩薩必定是男性。根據《瑜伽師地論》的〈菩薩地〉，在三大阿僧祇劫的修行過程中，只有第一阿僧祇劫時，可以有女性菩薩，第二、三阿僧祇劫時，只有男性菩薩。但這些經典並非否定女人有再向前進步的可能性，不過，它們提出「轉女身」做為進入八地以上菩薩或成佛的先決條件。淨土的往生說的「轉女身」（或蓮花化生）是發生在來生，但是在其他大乘經典中，女菩薩可以在當下轉女成男。因此，轉女身蘊涵象徵和具體的意義。

轉女身說在《大寶積經》、《大集經》，和許多以女菩薩為主角的經典中被廣泛地討論。轉身說與大乘佛教強調的發菩提心關係密切。轉女身象徵從世間的不淨、煩惱、不完美轉變到出世間的清淨、完美的境地。例如：《轉女身經》說：

若有女人發菩提心，則是大善人心、大丈夫心、
大仙人心、非下人心，永離二乘狹劣之心，能破
外道異論之心……若諸女人發菩提心，則更不雜
女人諸結縛心，以不雜故，轉女身得成男子。

　　經文的意思是菩提心相當於大善人心、大丈夫心、
離二乘、離煩惱的心性，而女人心屬於相反的「結縛心」。
修習成佛之道的先決條件，是要發菩提心，即是將下劣
的「結縛心」，轉變成殊勝的「離縛心」。所以基本上應
是「心性」的改變，而不是「性別」的改變。但是傳統
上否定的女身觀意識太強，因此轉身說不只是抽象的「心
性」改變，而是具體的「身相」改變。下面幾個轉身例
子，都與菩薩道、菩提心等大乘佛教教義有關，但也都
含有強烈的男女分別相的意味。

　　《大寶積經》是唐代菩提流支編譯而成，共有四十
九會，一百二十卷之多，乃叢書式的典籍，主要在闡揚
大乘空義、菩薩行相等。其中除了上面所提到的《阿閦
佛國經》、《無量壽經》之外，還有一些經典以轉女身為
主題的經典。

　　《大寶積經》第三十二會〈無畏德菩薩會〉是個典
型的轉女身說經典。它的同本異譯是《阿闍貰王女阿術
達菩薩經》。有一天，諸大聲聞比丘僧，到王舍城乞食，
依序來到阿闍貰王所。阿闍貰王有一個女兒名無畏德（又
稱阿術達，即無愁憂的意思）。此女年僅十二，端正無比，

辯才無礙，當她見到諸大比丘時，自己默然而坐，既不迎禮也不讓座。阿闍貰王責怪她無禮，無畏德辯解說自己已發菩提心，故不禮聲聞比丘，因為他們遠離大慈悲，不發菩提心。阿闍貰王反駁無畏德說，即使菩薩也都要禮敬一切眾生，無畏德答辯說，菩薩為了度驕慢瞋惱眾生，所以禮敬一切眾生。而諸聲聞比丘僧已無瞋恨心，但又不能增長善根，發菩提心，所以不必禮敬。阿闍貰王終於無言以對。

接著長老舍利弗、目犍連、迦葉、須菩提、羅睺羅等，相繼與無畏德辯論有關心無所住、諸法不可得、法界無差別相等等法義，他們一一被無畏德之辯才和深悟所折服。隨後無畏德偕同諸大聲聞、國王、皇后等人來到佛所。

佛陀告訴大眾，此無畏德女已於過去九十億佛時，發菩提心，種諸善根。舍利弗即問佛陀，既然如此，此女是否能轉女身。佛陀對舍利弗說：

你所看見的這位女人，真的是女人嗎？你不應該執著你所看見的，因為她是用菩薩的願力，為度化眾生而示現女人身而已。

此時，無畏德女為去除舍利弗的狐疑，立誓願說：「若一切法非男非女，令我今者現丈夫身。」言畢，無畏德即轉女身為男。佛陀隨即給無畏德授記，於七千阿僧

祇劫後得成正覺，號曰「離垢如來」。隨後無畏德女又現比丘身，最後再恢復女身，以示法無定相。

從無畏德女所強調「一切法非男非女」的無分別相，可見她轉女身現丈夫相，並不是屈服於男尊女卑的偏見，而是一種「作誠實願」的表現。「作誠實願」（satyakriya）是一種「眞理的表現」（an act or rite of truth）。在印度傳統文化中，如果有人爲了證明自己所作已辦，所言屬實或爲眞理時，可以當下即「作誠實願」。作願的方式，是祝願說如其所言不虛，則其希望的某種特異事蹟即時發生。如果所祈願的事果然發生，就可證明作願者所言屬實。例如：某位菩薩可立願說：「若一切法無我相、人相、衆生相、壽者相，即令大地震動，天雨妙華……。」大乘典籍中菩薩「作誠實願」，一方面表示立願者的心願和對佛法體悟的正確性，另一方面也是種慈悲的表現，其目的在使見到這種神異現象的人，能於立願者之所言起信不疑。因此，如果轉女身是種「作願」行爲，則性別歧視的意味也就相形減少。

《大寶積經》第三十三會是〈無垢施菩薩應辯品〉。無垢施是波斯匿王女兒，年八歲，顏貌端嚴，智慧過人。有一天，文殊師利、觀世音等八大菩薩以及舍利弗、目犍連、須菩提等八大聲聞，相偕入舍衛城乞食，擬以各人所擅長的佛法嘉惠城中衆生。

他們在途中巧遇無垢施女。無垢施女先恭敬頂禮諸菩薩聲聞之後，即開始與他們每一個人辯論法義。例如：

無垢施女問「說法第一」的富樓那尊者說:

> 世尊授記你,為所有說法人當中最優秀的。你說
> 法時,是說有境界的法呢?還是無境界的法呢?
> 若是說有境界的法,則與一般凡夫相同。因為凡
> 夫也是說有境界的法啊!所以你也沒超出凡夫
> 法。若你說的是無境界的法,則無境界的法應是無
> 所有。既然無所有,怎能稱為最優秀的說法人呢?

　　無垢施女的意思是說法的內容不離有為法(有境界
法)和無為法(無境界法)。如說的是有為法,則與世間
凡夫所說沒有什麼不同。如說的是無為法,則無為法本
無所有。若無所有,即不可說。不可說的話,何來「說
法第一」呢?富樓那對無垢施的問題不知如何作答,只
好「默然以對」。

　　無垢施女不但與大聲聞眾議論,甚至也與大菩薩辯
論。她問觀世音菩薩:

> 你說我應當如是想:「願令舍衛城中的眾生,牢獄
> 關閉,迅速得到解脫。若臨命終時,獲得活命。
> 受恐怖的人,得到無所畏懼。」所謂的無畏施,是
> 有取著?還是無取著?如果是有取著,凡夫愚者
> 也都有所取著,若是無取著,也就是無所施法,
> 於無所施法中,怎麼會有施與呢?

觀世音菩薩是以尋聲救苦施無畏著稱。無垢施女質問觀世音菩薩的施無畏是執取，還是不執取？若是有所執取，則與凡夫的執取沒有什麼不同。若是無執取，則無可施。無施法又有什麼怖畏可除、什麼無畏可施呢？聽完無垢施女所說，觀世音菩薩也無言以對。

無垢施與其他聲聞和菩薩一一論辯之後，須菩提即說：「諸位大德，今天我們不須再去乞食了，因為無垢施女所說即是智者法食，我們樂於法食，不須飯食。」於是偕同無垢施女等大眾，一起回到佛所。佛陀為大眾廣說各種菩薩行。無垢施女向佛表示行菩薩道的決心。

此時目犍連責難無垢施說道：

> 汝敢於佛前作師子吼。菩薩難行豈不知耶？終不以女身而得阿耨多羅三藐三菩提。

無垢施女於是「作誠實願」說：「若於來世必得成佛，願三千大千世界六種震動，虛空雨眾天花，變此女身成十六歲童子。」無垢施女說畢之後，果然大地震動，天雨妙華，轉身成男子。佛陀告訴大眾，此無垢施菩薩發菩提心，行菩薩道已有八萬劫。事實上，文殊師利菩薩發菩提心時，她已行菩薩道六十劫了呢！

雖然如此，目犍連還是很堅持地對無垢施女說：

> 汝已發阿耨多羅三藐三菩提心，何以不轉女人身

也?

可見目犍連到此時，還是認爲女人身與成等正覺是對立不相容的。無垢施菩薩答目犍連說：「世尊記大德於衆弟子神通第一。既然如此，大德何不以神力，使自己轉男身成女身呢？」目犍連默然無言以對。無垢施於是說：「不以女身得阿耨多羅三藐三菩提，亦不以男身得阿耨多羅三藐三菩提。所以者何？菩提無生，是以不可得。」諸法本來就只有男女的虛妄假相，而沒有實相存在，以分別心求菩提，當然是不可得，因此，無垢施女就斷然拒絕轉女身。

〈無垢施菩薩應辯品〉最特別的地方，就是經中有二處論及轉女身，但表達了不同的意義。第一次是爲了回應目犍連所稱「不得以女身成佛」的挑戰，無垢施女作願，如果將來她能成佛的話，即刻就轉成男子。也就是說藉由當下的轉身事實，證明將來她一定能成佛。因此，此處的轉身是「作誠實願」的表現，不見得有男女相分別的意思。但是經中沒有明確交代的是，當無垢施女成佛時，是以女身或男身出現。如果女性成佛時必須以男身出現，則男性優越的涵義還是存在。

第二次論及轉身是目犍連認爲既然無垢施菩薩發菩提心已很久，何不往後都以男身來修菩提道。無垢施菩薩斷然拒絕接受他的提議。目犍連此說的涵義很清楚，他還是落入小乘男優女劣的差別觀中，不能體悟大乘諸

法平等、遠離虛妄分別的空義，所以堅持以男身修道為佳。無垢施女已經證悟了空的道理，自然就不會再執著身相上的分別。

《法華經》中龍女成佛是轉身說另一個典型的例子。《法華經》的〈提婆達多品〉中，文殊師利菩薩提到年僅八歲的龍女智慧利根，對於諸佛所說的微妙佛法，都能明瞭受持，深入禪定。她能於須臾間發菩提心，得不退轉，速成正覺。智積菩薩聽文殊菩薩如此稱讚龍女，不禁懷疑地問：

> 我見釋迦牟尼佛，於無量劫中修無數難行苦行，三千大千世界中，沒有一處不是佛修菩薩道時捨身命的地方。他在菩提道上累積無數功德，不曾止息，如此才得成佛。因此，我不信此女能於頃刻之間就可成正覺。

此時龍女忽然出現於大眾之前。舍利弗不禁對龍女質疑說：

> 妳不久即將得無上道的事，實在令人難以置信。因為女身垢穢，不成法器。諸佛都得經過無量劫的修習六度萬行，才能成佛。而且，女人有五障：一者不得作梵天，二者不得作帝釋，三者不得作魔王，四者不可成轉輪聖王，五者不得成佛。妳

怎可能以女身速得成佛呢？

此時龍女將她一個價值三千大千世界的寶珠獻給佛，佛即接受。龍女就對智積菩薩和舍利弗說：

「我獻寶珠，世尊納受，此事很疾速吧！」

他們答曰：「甚疾速。」

龍女於是說：「你們看吧！我成佛的速度比這還快。」

忽然之間，龍女「變成男子」，具菩薩行，即往南方無垢世界，坐在寶蓮華上成等覺，具足三十二相八十種好。當時娑婆世界的菩薩、聲聞、天龍八部、人與非人等，皆遙見龍女成佛，心生歡喜，智積菩薩和舍利弗也默然信受。

上述龍女成佛的過程有二點值得注意。第一龍女成佛極速，意味著一念成佛。第二龍女在刹那間成佛之前，還是先轉成男身。因此，龍女雖然能瞬間成佛，但是只能說是「現世成佛」，而非「即（女）身成佛」，也就是說在成佛之前，女身還是要捨棄才行。《法華經》乃闡揚一乘思想很重要的經典，雖然它主張一切眾生皆可成佛，但對女人而言，顯然還是有「附加條件」。

第四節　主張女人即身成佛的經典

大乘佛教典籍中，對女性心靈和宗教上的成就持最肯定態度的，當屬那些斷然排斥轉身說，和承認女人能

「即身成佛」的經典。試舉《維摩詰經》、《勝鬘經》，和《菩薩處胎經》為例。

一、《維摩詰經》

《維摩詰經》是屬於般若不二法門的經典，基於般若空的思想，闡揚大乘菩薩道之實踐，顯示出家和在家、男眾和女眾平等無差。維摩詰是毘舍離城一位德高望重的居士，精通法義。有一次，他基於「眾生有病，我亦病」的悲憫心而稱病。佛陀於是遣文殊菩薩、舍利弗等諸大弟子等前往探病。他們於是與維摩詰展開一場空、無相、不二等大乘深義的精彩論辯。

當時與會的大眾中，有一位十二歲天女見諸大菩薩所說法，便現其身，並以香華散在大眾身上，以示尊敬。當香華散在菩薩身上後，皆自然墜落地上，但是散在比丘們身上的香華，卻黏著不落。因為律制上有比丘僧不得以香華嚴身的規定，所以黏在身上的香華使他們覺得非常不自在，即使他們使盡神通，還是不能使著身上的香華掉落。天女問舍利弗：「為何要去華？」舍利弗回答：「此華不如法。」天女說：

> 請不要說此華不如法，因為香華本身無所分別，是仁者自己心生分別想。無所分別是如法，有所分別才是不如法。菩薩們能華不著身，乃是因他們已斷除一切分別想。

接著舍利弗與天女展開一番法義論辯，最後舍利弗無言以對，只好對天女說：

「你爲什麼不轉女身？」

「我從十二年來，求女人相了不可得，如何轉呢？譬如魔術師變出一個幻女，而有人問此幻女爲何不轉女身，這種質問正確嗎？」天女反問。

「不正確，因爲幻術化成的幻女虛妄無有定相，無從轉起。」舍利弗答。

「一切諸法也是一樣沒有定相。既然如此，怎可質問爲何不轉女身呢？」天女回答。

天女以幻女比喻世間諸法（包括女人身相）的虛幻不實無有定相。執取幻女爲眞實已是一種錯誤的執著，再以分別心和性別歧視要幻女轉成男身，更是錯上加錯。天女爲了再證明男女相之幻化不實，以神通力將舍利弗變成天女，將自己化身爲舍利弗，然後問舍利弗：「何以不轉女身？」舍利弗以天女相而答言：

「我今不知爲何轉變爲女身？」

天女於是說：

> 舍利弗！若你能轉此女身，則一切女人亦當能轉。如你非女身，而現女身，一切女人亦復如是，雖現女身而非女也。因此，佛說一切諸法非男非女。

從緣起性空、法性一如的觀點而言，諸法非男非女，

亦男亦女，那有轉不轉女身可言。但是許多保守的大比丘僧，甚至有些菩薩，當他們與那些神通變化、辯才無礙、智慧如海的女菩薩論辯而詞窮時，最後總是祭出轉女身的挑戰。面對如此的挑戰，雖然所有女菩薩皆駁斥含性別歧視的轉身論，不過也有些女菩薩還是以「作誠實願」式的轉女成男，以示現自己的證悟不虛。《法華經》的龍女雖於瞬間成佛，可是她還是先轉成男身才成佛的。但是《維摩詰經》的天女，卻以「求女人相了不可得」斷然拒絕轉身。尤有甚者，她很戲劇化、很有幽默感地把自己和舍利弗的身相互換。天女如此「男女換」的遊戲神通，不是因為男尊女卑，而是明白宣示不可執著男女相。天女拒絕轉身以突顯諸法非男非女，而她與舍利弗的「自他換」則象徵著諸法亦男亦女。體證諸法「非男非女」，可去除對性別的執見和歧視，而如果能進一步體證諸法「亦男亦女」的自他一如，就能更積極地對異性產生認同和包容。可見《維摩詰經》比其他含轉身論的大乘經典，有更積極和肯定的女性觀。

二、《勝鬘師子吼一乘大方便大方廣經》(簡稱《勝鬘夫人經》)

　　《勝鬘夫人經》是以能作師子吼的女菩薩為主角的極少數大乘經典之一。勝鬘夫人是憍薩羅衛國波斯匿王和末利夫人的女兒。她天生聰慧利根，多聞熏習，深入法義，能演說佛法，而且得到佛陀的完全認可。從大乘

女性觀而言，此經有幾個特點，深具意義：

1. 整部《勝鬘夫人經》都是勝鬘夫人個人敷演一乘如來藏思想。大乘典籍中，以女性為主角者為數甚少，而其中能大力演說一乘佛性思想者，唯有勝鬘夫人。一乘思想是大乘佛教極深、極究竟的教義，勝鬘以在家婦人身份，敷演如此深妙的法門，無異是毫無保留地給女性體解法義和說法能力的最大肯定。

2. 《勝鬘夫人經》中闡釋的一乘如來藏思想，強調「一切眾生皆有如來藏（佛性）」。雖然眾生被各種煩惱所覆蔽，但是他們都本具自性清淨心。此理論置一切眾生於平等的立足點，不會因性別、種族、社會階級(如婆羅門、剎帝利等)、界別(如天界、人界、畜生界等) 而有本質上的不同。眾生之所以有能力、智慧、善根、禍福等的不同，乃是因為個人業報的結果，因此不應有所謂「女人業障深重」這種一概而論的偏見。再者，「一切眾生皆有佛性」，更是對「女人不能成佛」最有力的反擊。總之，《勝鬘夫人經》的如來藏思想，提供了男女平等最堅實的理論基礎。

3. 許多女菩薩演說佛法時，常常遭到長老比丘們，甚至於男性菩薩的質疑和挑戰。當他們辯論到無詞以對時，總是使出最後的殺手鐧，提出「轉身」的要求。但是，勝鬘夫人侃侃而談一乘教義，無

人能加以挑戰，她也不必以能轉成男身來證明自己的能力和悟境。根據《勝鬘寶窟》，勝鬘夫人是八地菩薩，證悟階位相當高，佛陀也授記她將來能成佛，號曰「普光明如來」。經中雖然沒有明言，但多少暗喻勝鬘夫人不必經過轉身而可即身成佛。因此可以說《勝鬘夫人經》比含轉身論的經典，持更積極肯定的女性觀。

三、《佛說菩薩處胎經》

《菩薩處胎經》乃姚秦時代竺佛念所譯，亦稱《菩薩從兜率天降神母胎說廣普經》。經的內容是佛入涅槃前，對阿難、彌勒菩薩等四眾弟子，敷演大乘方等諸教義。而其第十三〈無差別品〉很明確地指出女人、魔王、帝釋、梵天都可以「不捨身受身，現身得成佛道」，也就是說不須經過「捨身」、「受身」歷程，他們可就各自現有的女人身、魔王身、梵天身或帝釋身「即身成佛」。這是女人即身成佛最有力的經證。

《菩薩處胎經》的〈無差別品〉一開始佛陀即現神變，使一切菩薩「作盡佛身、光相具足，皆共異口同音說法」，而他們的說法能平等無差別地度脫「男眾、女眾、正眾、邪眾」。當時，無盡意菩薩問佛：

女人、魔王、梵天、帝釋四種人能否成佛？如果能的話，是否要捨身受身才能成佛呢？

佛陀告訴無盡意菩薩，過去九十一劫有梵天王名大辯才，因為寧可捨棄梵天諸樂，轉修梵行而「即梵天身成佛」。過去七十六劫有魔王名曰害惡，因悔改過去惡行，並與天宮諸眷屬共修梵行，求無上道，終於「即魔身成佛」。再者，過去六十一劫前有一帝釋天子，因見天宮花自萎枯、諸天翼從漸少、貪執漸增等種種衰相，於是到佛前發菩提心，不久亦「即帝釋身成佛」。

最後，佛陀告訴無盡意菩薩，過去五十四劫時有一世界名火焰，有佛名曰無欲，說法度人。此國土人民悉受女身，她們聞佛說法，皆能瞭解無常苦空的道理，並且發大誓願「上求佛道，下化眾生」。她們立志堅固誓不退轉。當時有七十萬二千億女人，一起行「解空無相無願之法」，在一日中即「不捨身受身，現身佛道」，也就是說「即女身成佛」。為了再次宣示一切眾生，無論是男或女、正或邪，皆平等無有差別，佛再以偈頌強調：

> 法性如大海，不說有是非。
> 凡夫賢聖人，平等無高下。
> 唯在心垢滅，取證如反掌。
> 道成王三界，闡揚師子吼。
> 分別本無法，無有男女行。

從以上佛陀對女人、魔王、帝釋、梵王即身成佛的確定，可以說《菩薩處胎經》在所有大小乘經典，持最

積極和平等的成佛觀。其他經典常提出女人能否成佛的質疑，但是鮮少論及魔王、帝釋、梵王可否即身成佛的問題。魔王由於謗毀三寶，造諸惡業，帝釋和梵王因沉溺天樂，女人則因「業障深重」，都被認爲不能成佛。《菩薩處胎經》基於諸法（無論男女、善惡）平等、無有差別的一乘精神，超越轉身說，毫不妥協地宣言女人等一切衆生都能不必經過「捨身受身」就可「即身成佛」。總之，女人即身成佛終於成爲定論。雖然由於男性沙文主義心態的作祟、僧伽制度的偏頗，佛教婦女不曾享有「世間法」的眞正平等，然而，至少在理論上，我們可以找到「出世間」男女完全平等的經證。只是，除非男性佛教徒能眞正體解大乘佛教平等的眞義，拋棄大男人主義的優越感，而女性佛教徒拋棄轉女身的自卑感，否則佛教男女平等的理論和實踐恐怕永遠會背道而馳。

總結而言，從歷史上的發展，佛教女性觀大致可分成五個發展階段：

1. 佛陀時代的原始佛教，雖然處於古印度重男輕女的社會制度下，在精神和宗教上還是肯定婦女可達到最高的解脫境界，與男性無異。事實也證明如此，如阿含經和《長老尼偈》就記載了許多比丘尼，甚至優婆夷，得阿羅漢果的故事。然而，由於考量教團的發展和受制於傳統的社會文化等因素，在制度上，原始佛教卻也制定八敬法來約束尼僧教團。

2. 部派佛教形成後，「女人五礙說」出現，顯然與佛陀本人認爲「男女皆爲法器」的平等精神不合，因此可以說「女人不能成佛」的論調反應出保守派對女性的貶抑。此時期不但制度上女性受到差別待遇，在理論上也遭到歧視，婦女的地位不昇反降。

3. 大約在紀元前後出現的淨土系列經典，對女性受到的身心和外在社會上的限制，持同情和救濟的態度。不過，淨土經典中對於淨土中是否容許有女身的存在，則有二種不同的看法。以西方極樂世界爲代表的淨土典籍，雖沒有否定女人往生淨土的可能性，但是女人一旦往生極樂世界，就不能或不再以女身出現，所以才說「淨土無有女人」。可見即使在淨土，女身還是象徵著不淨。相反的，以東方阿閦佛淨土爲代表的典籍，則持很開放的態度。阿閦佛淨土不但「有」女人，而且她們都有高遠的德行，而沒有心靈上和肉體上的不淨。

4. 紀元初期陸續出現的早期大乘經典（如般若系、方廣系經典），出現許多神通變化、辯才無礙的女菩薩。雖然女性地位已大大提高，但是這些經典還是持有「轉女身成男子」爲附帶條件的成佛觀。雖然這些女菩薩極力駁斥「轉身」之執見不合般若空慧，她們卻也不得不以「權宜方便」、「發誠實願」的理由，示現轉身。無論如何解釋，女子

轉身成佛的現象，下意識裏還是含有男優女劣的
執見，並不完全符合空義。

5. 在如來藏思想「一切眾生皆有如來藏（佛性）」、
「一切眾生皆可成佛」的教義下，女人不再需要
「轉身成佛」，「即女身成佛」乃理所當然。至此
終於發展出最正確、最積極、最符合佛教精神的
婦女觀。

第三章　中國佛教的善女人

第一節　中國比丘尼僧團的成立

　　佛教在西元一世紀東漢明帝時傳入中國，由於其教義和制度與中國文化有很大差異，經過幾世紀的努力，佛教才漸漸和平地「征服中國」。最初，印度和西域等地的僧侶攜帶經典到中國弘法，並且儘力將梵典譯成中文。漸漸地，漢人信佛出家，並且參與翻譯經典的工作。經過二、三個世紀，佛教建立了穩固的基礎，但是卻鮮少有關於西元四世紀前佛教婦女的記載。

　　《大宋僧史略》中有少許關於中國最早的女性佛教徒的記載。據說漢明帝允許劉峻出家，他是中國的第一位僧人，又聽許洛陽婦女阿潘出家，`此為有尼僧之始。不過，當時由於戒法不全，阿潘的「出俗」也只限於剃髮受三歸五戒而已，不能稱為比丘尼。尼眾要等到三百多年後的劉宋元嘉年間才得受具足戒，可見中國的比丘尼戒真是得之不易！

根據戒律，女人出家須經過三個過程。首先是剃度出家，再受十戒成為沙彌尼，習六法二年為式叉摩那尼，最後受具足戒成為比丘尼，而受戒時須遵照一定的「羯磨」儀式。可見如律法不全，就不能建立如法的比丘尼僧團。戒律最早傳入中國是曹魏（西元 249-253 年）曇柯迦羅所譯的《僧祇戒心》，和安息國沙門曇帝譯的《曇無德羯磨》，這些是中國比丘羯磨受戒所依據的律典，但此時仍未有比丘尼受戒所依的律典傳來。

根據《比丘尼傳》，中國第一位比丘尼是淨撿。淨撿為彭城人，父親曾任太守。淨撿自幼好學不倦，因家貧，嘗為貴族子女教授琴書。後來她遇到精通佛法的沙門法始，法始為她說法，她都能很快領悟。有一天，她請問法始，關於經中提到的比丘和比丘尼，兩者有何不同。法始回答說根據外國沙門所言，比丘尼須守五百戒。因當時中土尚未有比丘尼律法傳譯，於是他們向西域和尚智山請教。智山和尚告訴他們，雖然尼戒與僧戒大同小異，但是當時中國沒有比丘尼戒法，還是不得傳授，不過尼眾可從比丘僧先受十戒，但是因為沒有比丘尼可依止，還是不能受比丘尼的具足戒。淨撿於是與二十四個女子一起出家，並從智山和尚受十戒，成為沙彌尼。她們在宮城西門建竹林寺共住。《比丘尼傳》讚譽淨撿「說法教化，如風靡草」。

晉咸康年間（西元 335-342 年），沙門僧建從月支國帶回《僧祇律》尼羯磨和戒本，這是比丘尼戒法初傳中

國。在升平元年（西元357年）二月八日，梵僧曇摩羯多根據此戒法，準備在洛陽立壇爲淨撿等人授比丘尼戒，但是卻遭到一位名叫釋道場的和尚非難。釋道場認爲當時淨撿所依的戒法與《戒因緣經》不合，所以「其法不成」。曇摩羯多只好「浮舟于泗水」（即在船上）爲淨撿等人授比丘尼戒。因此，淨撿被認爲是中國佛教的第一位比丘尼。

釋道場以《戒因緣經》非難淨撿所受的比丘尼戒不合戒法，是指當時淨撿等人只從大僧（比丘僧）受具足戒，不合「二部僧受戒」的規定。所謂「二部僧受戒」是指女衆必須先在比丘尼衆僧團中受具足戒之後，才可以到比丘僧團請受戒。當時中國未有比丘尼，當然無法先在尼衆僧團求戒。因此，嚴格來說，淨撿等人的受戒並未完全合乎律制。目前臺灣佛教界舉辦傳戒，大都與淨撿受戒時一樣，行「一部（比丘）僧」受戒。淨撿她們當時因爲沒有比丘尼僧團存在，故情有可原，但目前臺灣的傳戒的不如法，則另當別論了。

自淨撿開始成立中國比丘尼僧團之後，經過了數十年，中國比丘尼才有機緣從二部僧受具足戒，這得歸功於來華的師子國（今錫蘭）的比丘尼。西元四世紀末，師子國國王得知中國人崇信佛教，於是遣僧侶來華傳法。南朝劉宋元嘉六年（西元429年），師子國比丘尼八人到達宋都，駐錫在景福寺。有一天，她們問一位名叫僧果的尼師，在她們來華之前有那些外國比丘尼到中土，僧

果回答以前未曾有外國尼師來華。她們質問既然無比丘尼，如何二部僧受戒。僧果回答說只有從大僧受戒，並辯解說佛陀時代，大愛道也只有依八敬法從佛出家得戒。僧果雖然如此辯解，但心中不無疑問。

僧果於是就此事諮詢求那跋摩。求那跋摩精通律典，並譯數部律典成中文。他同意師子國尼師的看法，認爲尼眾還是要先從比丘尼僧團受戒，才算合法。僧果、慧果等人本來要從師子國尼師重新受戒，但是因爲傳授具足戒須要有十位有資格的比丘尼戒師，當時只有八位師子國的比丘尼，而且她們之中有人又不足十二年的戒臘。於是求那跋摩乃令她們學習宋語，同時再由師子國請更多的尼師來華。西元 433 年（一說 434 年）外國舶主難提，再度載師子國比丘尼鐵薩羅等十一人至宋都，十位資深的比丘尼終於具足。此時求那跋摩已過世，僧果、慧果等三百餘人乃共請求那跋摩的弟子僧伽跋摩，於南林寺結界立戒壇，重授比丘尼大戒。至此，完全合於律法的中國比丘尼僧團終於成立。

根據戒律，女子出家須依止尼眾僧團，二年學戒後，於尼眾僧團請授具足戒，才得「本法」。劉宋慧果諸尼不畏求受戒法的艱難，遠從師子國延請比丘尼戒師，終於使授受比丘尼戒合乎佛制。反觀目前臺灣的傳戒，雖然合格的比丘尼戒師比比皆是，反而不行二部僧受戒，以爲只要從比丘僧受戒即可。如此不通過尼眾僧團的第一關，就直接到比丘僧前受戒，完全不合程序。那些主持

傳戒者，恐怕要落入「知法犯法」的口實。最近有些跟隨喇嘛出家的洋人尼師，積極推動將臺灣比丘尼傳承傳入西藏佛教，使藏傳佛教的尼師也能受比丘尼戒，但是卻遭到一些保守喇嘛的反對。他們反對的原因，除了沙文主義的心態外，就是質疑臺灣比丘尼傳戒的合法性，其理由即是臺灣目前傳戒大都不行二部僧受戒。

第二節　《比丘尼傳》的比丘尼群像

　　中國佛教近二千年的悠久歷史中，出現無數德行高遠的僧侶。古德為了使這些先賢的志行得以流傳，作為後世典範，歷代都編集了僧傳，如《高僧傳》、《續高僧傳》、《宋高僧傳》、《大明高僧傳》、《神僧傳》等。然而，與這些僧傳相較之下，尼傳則相形遜色。佛教在中國近二千年來的歷史中，一定有無數「貞心亢志，奇操異節」的比丘尼，但迄今只有西元六世紀初寶唱編集的《比丘尼傳》，和民國初期震華法師編集的《續比丘尼傳》，總共也不過只有二百六十餘位比丘尼傳記而已，與比丘僧傳記比較，簡直不成比例。其他有關出家的善女人們事蹟僅零星地散見於僧傳、正史、野史、地方誌、造像銘文、碑塔墓誌銘等金石文字，這可說是傳統中國文化和佛教本身輕忽女性的結果。

　　《比丘尼傳》的編著與南朝梁武帝和梁簡文帝有關。

這二位皇帝篤信佛教，同時也致力於當時佛教人物資料的收集和整理。寶唱奉梁武帝之命編撰了《名僧傳》，又為簡文帝編寫《續法輪論》、《法集》、《經律異相》等。《比丘尼傳》就是當時寶唱一連串整理佛教傳記文獻活動的成果之一。另者，尼傳的編集與南朝比丘尼人才輩出和積極旺盛的活動力有關。劉宋時寶賢比丘尼任京邑尼僧正，掌管京城一帶的尼僧團事務，宋文帝且四事供養她。南朝比丘尼不但出入宮廷，而且能向皇帝王公大臣講經說法。東晉南北朝期間可說是中國尼僧團發展的鼎盛期，在此背景之下，《比丘尼傳》才得以出現。

《比丘尼傳》有四卷，記載從東晉升平年間至梁天監年間（西元357-516年）六十五位比丘尼的生平行誼。寶唱在序言中強調這些比丘尼不是有「苦行之節」、「禪觀之妙」，就是「立志貞固」、「弘震曠遠」。雖然大體上可以「苦行」、「習禪」、「貞節」、「講述」等條目區分這些比丘尼的特點，但事實上，很多比丘尼或多或少兼具上述美德。以下試舉數例以瞭解她們的風範。

建賢寺的安令首，本姓徐，東莞人。她的父親徐仲擔任後趙外兵郎。安令首自幼聰敏好學，天性淡雅，不樂世俗繁華，而以佛法自娛，不願被婚姻束縛。她父親質問她說：「汝應外屬，何得如此？」自古以來總是認為女子是「外屬」的，因為出嫁是她們最後的歸宿。安令首答說：

如果安心從事於修行，摒絕身外的雜事，不受讚譽所動搖，清白正直而可以自活，何必一定要遵守三從才算是合乎禮數呢？

中國傳統給女子的角色定位，在於「在家從父，出嫁從夫，夫死從子」的「三從」。即使身處現代社會，女子不婚，都會受到很大的家庭和社會的壓力，何況古代的安令首，而她卻有見識和膽量抗拒傳統觀念，不計毀譽，確實不凡。

安令首的父親又追問：「妳出家只能獨善自身，怎能兼顧父母親呢？」孝道是非常重要的中國傳統文化，佛教的出家剃度一直受到儒家批評，就在於認為出家有違孝道。安令首回答說：「出家行道，為的是度脫一切眾生，何況是父母親呢？」佛教認為出家人雖不一定能在衣食的奉養上盡孝道，但是從出家人自身的立志修行，卻可以在宗教上濟度父母和祖先，所以有「一子出家，九祖昇天」的說法，出家才是大孝。因此，安令首辯解說她的出家可盡孝道，又可廣度一切眾生。

徐仲以自己女兒欲出家的事請教佛圖澄。佛圖澄是位來自西域的神僧，在晉懷帝永嘉四年（西元 310 年）到達洛陽，佛圖澄善誦神咒，只要以麻油塗在手掌上，就能令千里外的景物顯現掌中。他曾以神通教化殘暴的趙王石勒，救助無數蒼生。佛圖澄對徐仲說：「你回家潔身齋戒，三天再來。」徐仲遵從指示，三日後佛圖澄以臙

脂磨麻油，塗在徐仲右掌，掌上馬上出現一貌似安令首的僧人在大眾中說法。佛圖澄告訴徐仲：「這是你女兒前世出家說法的情況。你如從其志，除了可拔濟六親之外，還可令你富貴。」徐仲於是准許安令首跟隨比丘尼淨撿和佛圖澄出家受戒。安令首博覽群籍，深究奧義，勤苦修行，受到道俗的敬重，從她出家者有二百餘人。趙王石虎也因對她的敬重而擢升她父親為黃門侍郎清河太守，應驗了佛圖澄的預言。

建福寺的明感比丘尼之出家因緣相當曲折。她本姓朱，高平人，世代信奉《大法經》，成年後結婚生子。後來被虜賊所擒，並欲納為妻，她誓不受辱，於是被迫牧羊十年，備嘗艱辛。在此段苦難的牧羊歲月中，明感常念三寶，並盼望能出家。有次她偶然遇到一位比丘，並請為她傳授五戒。此比丘授予她一部《觀音經》，她自此習誦不斷。後來，她乘機逃走，翻山越嶺，曾有山虎為她護行。經過數十日到達青州，卻又被明伯連所虜，後因其夫兒得知，才將她贖回。她本欲出家，但家人反對，只好又精勤三年，才得如願。明感專注禪修，戒行精峻，如偶有小犯，必定每日懺悔，直到睹見瑞相為止（如見天雨妙華，或聽到空中出梵聲，或夜善夢）。她的戒行聞名遠近，在華北地區教化期間，江北女子，師奉如歸。晉永和四年，明感與慧湛等十人渡江南下，當時濟江的司空何充一見，對她敬重不已，特別把在京師建康的別宅捐出，為她立建福寺。此是京師的第一座尼寺。明感

的一生經歷坎坷，立願出家，道行精苦，不愧是寶唱所讚「立志貞固」的比丘尼。

《比丘尼傳》中許多比丘尼以苦行著稱，例如山陽東鄉村竹林寺的靜稱比丘尼。她戒業精苦，粗食敝衣，不食糧米，但吃麻朮而已。誦經四十五萬言，更「遊心禪默，永絕塵勞」。靜稱的禪座處常有一隻老虎隨侍，她若在禪坐時，老虎就蹲踞於左右。寺內的諸尼若有犯戒而不懺悔，虎即大怒發威；若悔罪，老虎則表現喜悅的樣子。靜稱的禪觀和苦行所產生的威德能感及異類，確實不凡。

比丘尼除了潛心禪誦，精修戒律之外，更有人修「燃身」的苦行。《比丘尼傳》中記載善妙、慧耀、曇簡、淨珪等四位比丘尼燒身以為供養。善妙小時候即出家，性情柔和，不穿好衣，不吃美食。經過幾年的減食辟穀之後，於四月八日佛誕日，告寺中諸尼說：「各勤精進，生死可畏，當求出離。我捨此身供養已二十七次。」之後，她以布自纏，點火燒身。

蜀郡永康寺的慧耀比丘尼，年少出家，常誓言要燒身供養三寶。她先斷五穀、服香油一段時候之後，於昇明元年（西元 477 年）在寺中燒身，火舌燒到頭面，還誦經不輟，其虔誠信仰和定力，可見一斑。

另二位燒身的比丘尼曇簡和淨珪同住法音寺。曇簡禪思靜默，廣達三昧。她曾遊學淮海，弘宣佛法，德聲遠布，道俗敬仰。齊建元四年（西元 482 年）曇簡建法

音寺，後來爲了廣修供養，她將法音寺施予一位名爲慧明的比丘，而她自己則移住白山，建草庵以蔽風雪。建武元年（西元494年）元月十八日疊簡積薪引火自焚，捨生死身供養三寶。

淨珪自幼聰穎過人，一聞多悟。出家後博通經律，三乘、禪、密等皆能通達，弘化極廣。她與疊簡原來同住法音寺，後移白山，並與疊簡同夜燒身。

大乘佛教有顯著的重信仰的思想，大乘典籍常提到的「燃身供佛」就是建立在這種思想上。最有名的燃身供佛的例子是《法華經》的藥王菩薩。經中敍述藥王菩薩過去生中，在日月淨明德佛處，修得「一切色身三昧」。爲了報答佛恩和供養佛，他就以「天寶衣自纏身，灌諸香油，以神通願力而自燃身……其身火燃千二百歲」。在富玄想的印度人心中，這個故事的象徵意義，可能大於實質的意義。可是在重實際的中國人心中，這種捨身供佛的方式是應該付諸實踐的苦行，所以在中國僧尼傳中可以找到許多這類燃身的例子。

除了《法華經》藥王菩薩的事蹟，成爲中國古代僧尼效法燃身的經證之外，大乘菩薩戒中也明言鼓勵這種做法。《梵網經》菩薩戒中有一戒就說：

> 若佛弟子，應該先學大乘經律和威儀，廣開義解。
> 若見新學菩薩從百里千里來求大乘經論，應如法說一切行，如燒身、燒臂、燒指等。若不燒身、

臂、指供養諸佛者，就非出家菩薩。甚至對饑虎、狼、獅子、餓鬼等，都應捨身手足而供養……若不如是，犯輕垢罪。

有了經和律二方面典籍的根據，燒身燃指等種種表現虔誠信仰的苦行，成爲中國佛教的一大特徵。但是，這種苦行卻也有它的爭議性，因爲它究竟還是一種宗教自殺的行爲，而基本上佛教聲聞戒律是禁止自殺的，因此與上述的大乘菩薩戒有所衝突。

中國古德對燒身燃指之類的苦行有不同的看法，義淨（西元 635-713 年）在他的《南海寄歸內法傳》就很嚴厲地抨擊。他說：「要圓證佛道，須經過三阿僧祇劫，若輕易地自斷軀命，實不合道理。自殺者違犯了根本大戒。斷惑豈是由燒身可得的呢？」至於菩薩捨身救人的行爲，他認爲：「投體饑虎是菩薩之濟苦，割身代鴿非沙門所爲。」也就是說燃身供養、捨身濟物是大菩薩才能勝任的行持，平凡的僧尼不應輕易嘗試。

很顯然地，義淨是從「有違律制」的觀點來反對燒身。他抨擊有些僧尼爲取信於人，將燒指燃身作爲精勤的修行，或誤以爲燒身便能登正覺的錯誤觀念。義淨認爲一般僧尼應先謹守戒律，如果他們想仿傚菩薩的行徑，而採取極端苦行時，必須先考慮到所行所爲，是否於己於人有益。

另一方面，也有許多古德持不同的看法。例如，宋

元照律師就批評義淨「不知機有淺深，教分化制」。他認爲依小乘戒律「不燒則易」，但是依大乘菩薩戒「燒之則難」，因此，燒身的菩薩應該受到讚仰。唐明曠律師更清楚地說如果是爲了衆生和佛道而亡身濟物，則「得福無犯」。

值得注意的是天台智者大師對燃身的看法。據傳他於讀誦《法華經》，當讀到經裏讚嘆藥王菩薩的燃身是「眞精進，是名法供養」時，他豁然悟道。然而，對這種燃身的供養方式，他的體會是這樣：

> 眞正的供養，應當是内運智觀，觀照煩惱的因果，並且以空慧袪除煩惱。再者，觀所燃的自身和能燃的火，能供所供，皆不可得，如此才是眞正的法供養。

可見智者大師所瞭解的法供養是以「智火燒煩惱身」，以空觀悟入能所皆不可得的實相，而不在於眞正肉身的焚燒，他這種解釋也許更能符合大乘般若空觀下燃身供佛的眞義。不過，古代僧尼，包括上面所舉四位《比丘尼傳》中的比丘尼，她們宗敎自殺式的燃身，雖然有爭議，但是其虔誠的宗敎熱忱，使她們難行能行，卻也是不爭的事實，這也就是歷代僧人傳記中，都特別記載燃身事蹟的原因。

除了上面所舉有「立志貞固」、「苦行之節」的比丘

尼之外，寶唱在《比丘尼傳》中也記載了許多有「禪觀之妙」特點的比丘尼。禪定是三學之一。三學指戒、定、慧，乃所有佛教徒都應修習的法門。中國禪宗的成立，雖在菩提達磨之後，但是修習禪定在安息國沙門安世高於西元 148 年來華，譯出《安般守意經》後即已開始。自此以後有支婁迦讖、支謙、康僧會、竺法護等相繼又譯出不少禪經。

在菩提達磨來華之前，傳到中土的禪法可分成三大系：第一是鳩摩羅什所傳的般若系禪法。羅什譯的禪經雖是小乘傳統的禪法，即四禪八定等，但是因羅什的思想建立在般若思想上，其禪法偏向大乘禪。第二是佛陀跋陀羅的聲聞傳統禪法。佛陀跋陀羅自幼受業於大禪師佛大先，以禪律聞名，於西元五世紀初來華。他首先到長安加入羅什所領導的僧團，但因思想和禪法的差異，離開關中到廬山，譯出《達摩多羅禪經》。其後他的許多弟子，如慧遠、智嚴、玄高等將他的禪法廣弘江南。第三系禪法是佛陀扇多（或稱佛陀三藏）所傳，淵源於罽賓的禪法系統。佛陀扇多在北魏孝文帝時來華，孝文帝對他敬重不已。因為佛陀扇多喜愛嵩嶽，孝文帝敕令在少室山為他建寺，這就是後代有名的少林寺。

《比丘尼傳》中記載比丘尼們的年代自晉至南北朝，也是上述三大禪系發展的時候，因此許多比丘尼都致力習禪。以下試舉幾個例子。

景福寺的法辨比丘尼是丹陽人，年少即從景福寺的

惠果比丘尼出家，她忠謹清慎，敝衣蔬食，甚得京邑相州刺史瑯琊王的尊崇。法辨從外國沙門畺良耶舍禪師諮稟禪觀，如法修行，甚得禪觀之妙，每每在衆席中入定。有次在齋堂用齋之後，衆人都站起來，唯獨法辨入定不起，維那師「驚觸如木石」，出定之後，言語如常，其禪定功夫之深，衆人咸感歎服。

　　成都長樂寺的曇暉也是一位以禪修聞名的比丘尼。她年幼即樂修道。元嘉九年（西元 432 年）畺良耶舍禪師入蜀大弘禪觀，當時曇暉雖年僅十一歲，即知啓請母親延請禪師教授禪法。畺良耶舍一見曇暉，就稱讚她天賦異稟，並囑託法育尼加以照顧。曇暉自幼母親即將她許配於表兄，但她深立誓願，執意出家，並揚言如果強加逼婚，她將以自焚抗拒。她母親只得答應，曇暉於是從法育比丘尼出家，時年僅十三。其後她致力於習禪，時時觀境入定，行坐不休。有一次，曇暉於定中見到東方有二道光，其一如日而呈白色，其二如月而呈青色，她在定中判斷白光必是菩薩道，青色是聲聞法，而立願選擇白光的菩薩道，此念一起之後，白光轉熾，青光轉滅。她出定之後言及此事，衆人皆讚賞她的禪定境界。後來，她又於禪定中悟解佛性和大乘法義。《比丘尼傳》中還說：「時有名師極力問難，無有能屈者。」

　　《比丘尼傳》中，除了上述的法辨和曇暉，尚有僧蓋和法相等亦以禪定聞名。僧蓋除了博聽經律、深究旨歸之外，並且專修禪定。她更別立禪院，以教導僧俗禪

觀。齊文宣王蕭子良定期供養僧蓋，對她精修和教學不倦的精神表示敬重。另外，法相、僧述、僧果等比丘尼也都有極深的禪定功夫。寶唱描述僧果「禪觀清白，每至入定，輒移昏曉，綿神淨境，形若枯木」。有一次，僧果更宴坐數日，「身冷肉僵」，衆人以爲她已坐化，想把她移走時，她即出定，談笑如常，寶唱稱讚她「盡禪觀之妙」。

從《比丘尼傳》中，我們可以得知從西元三世紀至六世紀之間，中國比丘尼普遍習禪，有所成就者不在少數。由於當時印度、西域等地不斷有禪師來華，有關禪法的典籍相繼譯出，禪修盛行大江南北。當時有不少比丘尼跟從外國禪師習禪，可見當時的比丘尼僧團並不封閉，能積極主動地尋師求法，尤其是專精禪法的梵僧。可惜的是寶唱並沒有詳細記載她們修禪的方法，而只言及她們深具定力。

《比丘尼傳》中寶唱所稱嘆的另一類傑出比丘尼，屬於所謂「弘震曠遠」者。她們或是能講經說法而「金聲玉振」，遊行教化而「歷屢邦邑」，或是能勤於研製經律義疏，而「傳授訓誘，導利歸心」。這些從事佛法弘化工作的比丘尼之貢獻，可謂比前述「立志貞固」、「禪觀」、「苦行」的比丘尼的貢獻更大。因爲她們不僅對徒衆、庶民講經，也與文士宦達、王公卿相講道論義，更經常主持大講，帝后躬與其會的情形屢見不鮮。可見當時的比丘尼，上至王公大臣，下至販夫走卒，普遍受到尊敬，

這是中國佛教史上比丘尼僧團發展最鼎盛的時期，如與印度比丘尼僧團的地位相比，真是不可同日而語。

中國佛教第一位講經說法的比丘尼，是晉朝洛陽城東寺的道馨。她本姓羊，太山人，自幼志性專謹，與物無忤，出家為沙彌尼時即口恆誦經。年二十受具足戒後，更勤於研讀《法華》、《維摩詰》等經。寶唱說她「雅能清談，尤善小品，貴在理通，不事辭辯。」

「清談」是指漢末至魏初之際，由於政治混亂，戰爭頻繁，知識份子多隱名避世，談玄說理，乃形成「藉談辯而達治學、求理目的」的新學風。清談範圍純屬哲學思辯的理趣，不涉及現實功利的政治和營生之術。隱逸之士也紛紛追求道家「無為」的清淨超然境界。由於清談玄學的自由學風，肇啓了魏晉時代以佛教思想融會老莊的契機，當時許多高僧，如康僧淵、竺法護、道潛等，都藉清談向知識份子弘傳佛法，而比丘尼能清談者當推道馨。她精通《小品般若》，而般若空慧正可以與清談的無為之理相提並論。能清談者均是「悟銳有神，才辭通辯」者，可見道馨必定是個才女。

由於道馨深入經藏，研求理味，又勤於講述，終於開啓比丘尼講經的風氣。此後飽學善講的比丘尼代有人出。例如：妙音比丘尼博學內外，善為文章，常與晉孝武帝及太傅、朝中學士屬文議論。道儀比丘尼聰明敏哲，博聞強記，對《維摩詰》、《小品般若》等經律的講解相續不斷。業首尼戒行清高，深解大乘，善講妙理，宋文

帝從她受三歸依，潘貴妃對她弘振佛法更是敬重有加。

再者，齊國華嚴寺的妙智尼，稟性柔順，精達法相。齊武帝敕請妙智比丘尼講《勝鬘經》、《維摩詰經》，武帝並且數次親臨講席，詢及經義，妙智皆能剖析無滯，帝及四眾弟子都深感佩服。長安建福寺的智勝比丘尼也是聰穎非凡，聽受《大般涅槃經》，一聞能持。她通達各種經律典籍，並且自製數十卷義疏，辭約而旨遠，義隱而理妙，可惜並未留傳。齊文惠帝常延請智勝入宮講說眾經。中國佛教史上，精通經律的比丘尼不計其數，也有不少人造疏立論，可惜的是她們的著述很少流傳下來，早期入藏的古德經疏、律疏、或專論，沒有一部是比丘尼的著作，實在是件令人深覺遺憾的事。

建康普賢寺的淨暉尼，精研大乘奧義，寶唱說她「十臘之後便成宗匠」。齊文惠帝服膺不已，文宣王並且請淨暉於邸第講《維摩詰經》。另外，慧暉、妙禕、淨行等人也都以頻建法筵著稱，寶唱更稱讚淨行比丘尼不但善說法要，甚至於「當時先達無能屈者」，可見南北朝時許多比丘尼博窮經律，講說不輟，確實如寶唱所說的「弘震曠遠」。

六朝是比丘尼講經說法最鼎盛的時期。此後，雖然比丘尼也繼續講經，不過聽眾大都限於徒眾，而不復六朝時經常開大座，連帝后、大臣、僧眾也聽講的盛況。靜挺撰的《學佛考訓》記載政和三年（西元 1133 年），宋徽宗延請慧光比丘尼入宮廷陞座說法，並賜號淨智大

師。靜挺對此事居然有這樣的評語:「尼說法,且對御,非制矣。」尼眾說法本是天經地義的事,即使對帝王說法,也是絕對合乎佛「制」。靜挺顯然歧視比丘尼才會如此說,其實,他的看法才是真正的「非制也」。

從《比丘尼傳》的記載,可以看出東晉、南北朝是中國比丘尼僧團活動力和影響力最強的時期,尤其是南朝建業的比丘尼與達官貴人,甚至於帝后的交往頻繁,深得他們的尊敬和資助,因此具有相當的影響力。此情況一來是因為許多帝后王公大臣都是虔誠佛教徒,二來也是因為此時有許多才學出眾,又善結交權貴的比丘尼。妙音比丘尼是最好的一個例子。

妙音博學內外,善為文章,每與晉孝武帝、朝中學士等談玄論道。這些權貴對妙音敬重有加,對她「供襯無窮」,因此使她「富傾都邑」。妙音交往之廣闊,由其「門有車馬日百餘輛」可想像而知。妙音與這些權貴的關係,不限於佛法的傳授和四事供養。根據《比丘尼傳》和《晉書》卷六十四「會稽王子傳」的記載,妙音有時候甚至於有「干政」的影響力。例如,荊州刺史王忱死後,晉孝武帝本欲以其子王恭繼任,但是當時在江陵的桓玄曾被王忱挫敗,因此害怕王恭接任難以對付,乃遣使請託妙音於孝武帝前推薦黃內侍郎殷仲堪,因為殷仲堪才弱較容易控制。當孝武帝諮問妙音關於荊州刺史的繼任人選時,妙音果然說:「貧道乃出家人,豈容及俗中論議。如聞內外談者,並云無過殷仲堪,以其意慮深遠,

荊楚所須。」孝武帝果然聽信妙音的暗示，改命殷仲堪出任刺史。由此可見妙音尼的政治影響力，這也就是爲什麼寶唱稱妙音「權傾一朝，威行內外」。

東晉南北朝尼僧教團，由於內外因素的配合而迅速發展。從好的方面而言，比丘尼們積極從事講經弘法、聚徒授業、賑濟飢寒、遊行教化等工作，確實發揮了尼衆僧團的宗教和社會功能，也爲舊式社會中的女性提供一個獨立自主和受肯定的新途徑，但是當時尼衆僧團的活躍，尤其在與王侯貴族的來往上，卻也遭受不少批評。例如，左衛領營將軍許榮就曾上疏說：「僧尼乳母，競進親黨，又受貨賂，輒臨官領衆。」又說：「尼僧成群依傍法服，五戒相法尙不能遵，況精妙乎？」許榮也批評許多流惑之徒，競相敬事僧尼，以致於以侵漁百姓的錢財，廣行供養，實不合布施之道。

從寶唱對妙音的記載，以及許榮疏文中的批評，可知當時確有尼僧與權貴相聯結而介入政爭中，及不守戒的事實。皇室、王公大臣、貴族等能護持僧尼，本不是壞事，佛陀也曾說過，佛法的弘揚須靠王公大臣的外護。事實上，東晉南北朝時，尼衆僧團在江南能盛極一時，帝室和權貴士大夫之功不可沒。但是，如果像妙音一樣，因精通內外之學並善文章，加上王公貴卿的敬信，而權傾一時，然而卻善於權謀、鑽營於幕後政治，究竟還是不合律制。

雖然東晉時期有少數尼僧與皇親國戚、權貴士大夫

等勾結，中飽私囊。但是，大部份的比丘尼還是以她們的貞心高節，獲得上層社會的護持和敬重的。例如：烏江寺的道容比丘尼，她戒行精嚴，人們稱之為聖人。為了測驗道容尼是否真為聖者，東晉明帝遣人在她的座席下暗鋪鮮花，道容雖坐其上，鮮花卻不萎謝，因此明帝甚為崇敬。簡文帝甚至於修清齋七日，受持八戒，為道容建新林寺，並且「以師事之」。

僧基（西元 330-397 年）俗姓明，濟南人，誓不婚聘，出家後持戒不犯，精進習經，「樞機最密，善言事議，康帝雅相崇禮」。建元二年（西元 344 年），褚皇后為她建延興寺，徒眾數百人。與僧基同時齊名的還有曇備比丘尼，她精懃戒行，日夜不懈。晉穆帝及其皇后均對她「禮接敬厚」。曇備並沒有因此而有「矜慢之容」，反而更「謙虛導物」。因之聲譽日廣，遠近投集，門下有三百餘人之多。

在北方的智賢比丘尼，俗姓趙，常山人。智賢出家後，「戒行修備，神情凝遠，曠然不離」。當時太守杜霸篤信黃老，憎惡佛教，下令進行簡汰迫害，不少僧尼聞風逃逸。智賢從容接受問試，寶唱形容她「儀觀清雅，辭吐辯麗」。後因抗拒杜霸辱身，遭刀砍傷二十餘處，醒後「倍加精進，菜齋苦節，門徒百餘人」。前秦苻堅知道她的貞節苦行，對她十分敬重，為她製繡袈裟，據說為時三年才完成。

以上所舉的比丘尼，都是因自己的戒行嚴正，貞心

高節，而深得帝后們的外護。她們既不介入政治，亦不倚勢謀私利，卻能藉助皇室的護持，使佛法更為弘廣，並且提昇比丘尼的社會地位。《比丘尼傳》中的諸比丘尼不愧為寶唱所稱嘆的「貞心亢志，奇操異節」的「高尼」呢！

第三節　唐代內道場的尼衆僧團

　　唐代盛行的「內道場」，是政教關係密切的一種特殊制度，與比丘尼僧團有直接的關聯，很值得一提。所謂「內道場」，又名「內寺」，是指設置於宮廷內用以舉行宗教法會的場所，屬於皇室私用的佛寺或道觀。根據《晉書》帝紀第九記載，東晉孝武帝太元六年（西元381年）於禁中建精舍，延請諸沙門修行佛事，這是內道場的開始。不過，《佛祖統紀》卷三十七梁天監十六年（西元517年）條記載，內道場開始於梁武帝敕令沙門慧超為壽光殿學士，召請衆僧居禁中講論法要，注解經文。南北朝許多帝后篤信佛教，漸漸風行於宮中設內道場，甚至於貴族也常建「家寺」。不過，《大宋僧史略》則說內道場起於後魏，到了隋朝才有內道場之名。煬帝改僧寺為「道場」，改道觀為「方壇」，若在內禁中的僧事，則稱之為「內道場」，或「內寺」。內寺常有群僧法集，講述經論，敷揚禪要，而比丘尼則負責內寺之雜務。

　　隋代正式建立內道場制，一方面沿襲內寺形態，另

一方面更配合官寺系統和僧官制度，完成中央集權的宗教政策。內道場定型於隋朝，而盛行於唐代，尤其是則天武后，更是在洛京大內中設置內道場。當時的內道場的主要活動包括請高僧講經說法，諷誦經典，舉行儒、釋、道三教講論，為帝后六宮授戒，辦理佛誕、盂蘭盆會、帝后誕辰等「官方」活動。又者，若有西蕃入寇，也會令群僧講誦《仁王經》，以攘寇虜。除這些功能之外，內道場還成為宮人出家為尼的最好道場。例如，唐太宗時，薛德芳於宮中出家，唐太宗為她造內鶴林寺。

內道場因設置於門禁森嚴的王室，具有高度的隱蔽性，而且其接觸的對象僅限於帝后、宮人和宗室，很適合長期居住於後宮的宮人做為出家修學佛法的場所。因此，唐代內道場尼眾僧團的基本成員皆來自宮人，她們出家後即成為所謂的「內尼」，負責維持內道場和提供皇室宗教上的服務。

廣泛而言，居住於後宮的女性，皆可叫做宮人，但有官品不同的分別。依出身、職位的不同，宮人的官品可分為七種：皇后、內官、宮官、宮女、宮婢、梨園樂妓和雲韶院宮妓。內官負責統領后禮、祭祀、賓客和皇帝燕寢等事。宮官則掌理後宮文書、禮儀、服飾、膳食、醫藥等。內宮和宮官都是皇帝的妻妾，屬於有官品的宮人，而無官品的宮人則都是從事勞役、女紅或歌舞伎樂等工作，她們又有良、賤之分，前者是良家婦女沒入後宮的宮奴婢，後者指謀反和犯大逆罪者的母女、妻妾、

姊妹而被沒內宮者。

唐代內道場的「內尼」主要出自內宮、宮官、宮女和宮婢。由於未曾有人編集隋唐時期的比丘尼傳記，因此有關唐代比丘尼的史料非常缺乏，幸好隋唐的金石文字中的造像銘文和碑塔墓銘，留下了一些比丘尼傳記的史料。另外，則是正史「后妃傳」中也有零星的記載，以下試舉幾個宮人出家成為內尼的例子。

唐肅宗的韋妃曾於內道場出家。韋妃的父親是元珪，乃兗州都督。天寶年間，當肅宗還是身為皇儲時，韋氏為太妃，當時宰相李林甫陰謀不利於太子，韋妃的兄長遭累而被賜死。太子畏懼，上表自稱與韋妃感情不睦，請准離婚。玄宗聽允，韋妃於是削髮出家，居住禁中的佛寺。韋妃的出家，與其他被打入冷宮的嬪妃、先帝的嬪御、受讁的宮人等一樣，都是因失意或被迫出家，但由於她們與皇室的關係，而被安置於內道場中。

根據《大宋僧史略》「臨壇法」條的記載，在貞觀年間，曾為隋吏部侍郎的薛道衡，有位女兒名德芳，才華出眾，被選入唐太宗宮中。後來自願出家，太宗為她造內道場鶴林寺。並請十僧入禁中為她授戒，這也是「內臨壇」的開始。到了懿宗時，又於咸泰殿築戒壇，度內福壽寺中的內尼受大戒。薛德芳是典型的宮女志欲習道而出家的例子。另外，澄素和智幽二比丘尼是一對姊妹，也是官宦的後代。據其墓誌所說，兩人於內道場剃度受戒時，武帝曾親臨觀禮。

以宮婢身份成為內尼的有二種：一是沒入宮中之前已經出家，二是入宮後才出家的。根據《全唐文》，法澄比丘尼，原來是唐太宗之子蔣王惲的妃子。高宗上元年間，張君徹誣告蔣王謀反，法澄為避禍而出家。到了如意元年(西元 692 年)，因涉及汝南王謀反事，而連坐入掖庭，此後常於後宮誦經說法。因法澄精研經律，善於講經，且戒律謹嚴，後人稱譽她是菩薩化女身。唐中宗時，她因佳譽而被釋放出宮，但仍由朝廷供養。法澄雖然在宮人的組織中屬宮婢，但卻以德學俱優的比丘尼而受尊崇，可見內道場還是遵從僧伽的體制的。據稱，法澄曾著《華嚴疏義》三卷，並且翻譯過《盂蘭盆經》、《溫室經》等。這是中國歷代有比丘尼譯經的明文記載，意義重大。(《續高僧傳》和《歷代三寶記》提到梁代僧法比丘尼，曾在十幾歲時「誦出」二十餘部經。其「誦出」的語意不明，因此僧法譯經的可信度恐不高。)大藏經中收有竺法護譯的《盂蘭盆經》，和安世高譯的《溫室經》，可惜的是法澄的譯本並沒有入藏，而不得傳世，實在是件憾事。

　　另一出家之後才被沒入掖庭的比丘尼是長安資敬寺的真一。真一是宰相元載之女，出家後，因其父謀反事敗，真一連坐而被沒入後宮。真一雖然屬宮人中的宮婢，但入宮後並沒有失去其比丘尼身份，只是她是否如法澄一樣在宮中說法，因史料不詳，無從得知。

　　《舊唐書》卷一百二十四「李師道傳」中記載；李

師道爲淄青節度使，謀叛而爲部將所出賣，其妻魏氏因連坐而沒入掖庭。元和十五年(西元 820 年)，魏氏於宮中出家爲尼。另一個宮婢於宮中出家的例子是馮媛，她是高力士之姊，其夫是周雲。馮媛沒入宮後，不肯爲才人，乞身爲尼。

除了上述宮人於內道場出家爲內尼外，也有少數是因爲祥異而被延進宮內的。例如：唐中宗景龍年間，瀛洲有一婦人身上顯現浮圖、塔廟、佛像等，按察使得知後，引進宮中。後來得授五品階位，留住內道場。另外，唐代宗時宮中有尼號功德山，道行高超，她的預言也極靈驗。

唐代御用內道場的設置，除了因爲帝后是虔誠佛教徒之外，主要的功用還是在於提供皇室專用的宗教活動，和安置出家的宮人。而這些宮人出家的動機，除了少數出自純正的宗教理由之外，其他恐怕都是因爲負面的因素，例如，有的宮人以內尼爲其終老的生活方式，有的爲守貞或贖罪而成爲內尼，有的因失寵而出家，甚至於許多嬪妃因爲帝崩而被迫出家，如武則天就是如此。雖然內尼的人數不少，但是除了極少數像法澄一樣，能講經說法、譯述經典之外，大多數只不過是內道場的執役者，長期居禁中，與世隔絕，使她們失去與一般人接觸和弘揚佛法的機會，因此無法發揮比丘尼僧團應有的宗教功能。

唐代內道場與南朝首都建業的比丘尼僧團相比較，

雖然兩者與皇室都有關係，內道場的尼僧團地位和活力就遠不如南朝的教團，這是因為其政教關係過份密切的「御用」特點和封閉性所致。對宮人而言，在內道場出家也許是個可供安全終老的好選擇，但對整個尼眾教團的發展而言，內道場並不見得能發揮積極的良性作用。

六朝的尼眾僧團和隋唐的內道場都屬「上流社會」層次，但後者的活力和影響力已大不如前者。唐宋以後的尼眾僧團重心從「上流社會」轉移到一般庶民層次，尤其是唐宋之後，禪宗和淨土宗大行其道，深入民間，因此，我們看到許多有修有證的佛教善女人，都是平民出身，有的甚至於是不起眼的路邊賣餅婆子呢！下一節就談談禪宗的傑出女性。

第四節　禪宗的傑出善女人

印度佛教傳到中國之後，發展出八個宗派：律宗、三論宗、淨土宗、禪宗、天台宗、華嚴宗、法相宗、密宗。其中，禪宗持有最積極肯定的婦女觀，許多禪師能超越性別歧視觀念，在人性本質、精神和宗教的成就上，給予女性同等的肯定。這種開明的女性觀，一方面是基於禪宗的真常佛性思想，另一方面也是出自禪宗超脫、瀟灑、開闊的風格。

禪宗最重要的教義是「見性成佛、一切眾生皆有佛性」。此成佛的心性超越一切世間的分別相，而且無所不

在。唐宣宗曾請問京兆大薦福寺的弘辯禪師「何謂佛心?」
弘辯回答說:

> 佛的意思是覺。佛心意指人有智慧覺照的心。心
> 是佛的別名。佛心雖可有千百種異名，它的本體
> 唯有一種。它本無形狀，也非青、黃、赤、白、
> 男、女等相，在天非天，在人非人，但是卻也可
> 呈現或天、或人、或男、或女。它是無始無終、
> 非生非滅，故稱爲靈覺之性……是心是佛、是心
> 作佛、心外無佛、佛外無心。

禪宗所說的佛心是「無心之心」、「離一切相」的心。
這個教義在禪宗初祖菩提達磨的《二入四行論》中早已
強調。「二入」是指「理入」和「行入」，而「理入」是
「謂藉教悟宗，深信含生同一眞性，但爲客塵妄想所覆，
不能顯了，若也捨妄歸眞，凝住壁觀，無自無他，凡聖
等一，堅住不移，更不隨於文教，此即與理冥符，無有
分別，寂然無爲，名爲理入。」達磨所說的「含生同一眞
性」就是指一切眾生都具有佛性（或佛心）的眞性，既
然如此，一切眾生本質上是「無自無他」、不可區分、「凡
聖等一」、平等一如的，在這個教義之下，性別歧視是不
可能存在的。在回答「何謂即男非男，即女非女」的問
題時，達磨說:

假若想依循佛法以求開悟，則不可執著男女相，因為男女相不可得。即色非男，若色是男，則一切草木皆男。即色非女，若色是女，一切草木皆女。人因有妄念而不明，在他們的妄心中分別有男女相，但男女相是虛幻的，終究非真實。

　　達磨在理論上主張所有衆生同一真性、男女平等一如，而在實際上，達磨對他的男女弟子也一視同仁。假如他們有不同的話，乃在於修證程度的高低，而不在於他們的性別差異，這從達磨對他弟子們的印證可知。道蹟比丘尼，號總持，師事達磨，悟心要法。道蹟生平不詳，傳說是梁武帝女兒，但無法證實。

　　根據《景德傳燈錄》記載，達磨將西返天竺時，命門人各言所得。

　　道副曰：「如我所見，不執文字、不離文字，而為道用。」

　　達磨曰：「汝得吾皮。」

　　總持比丘尼曰：「我今所解，如慶喜見阿閦佛國，一見更不再見。」

　　達磨曰：「汝得吾肉。」

　　道育曰：「四大本空，五陰非有；而我見處，無一法可得。」

　　達磨曰：「汝得吾骨。」

慧可一言不發，禮拜達磨之後依位而立。

達磨曰：「汝得吾髓。」乃將正法眼付於慧可。

　　此段達磨付法的故事，總持比丘尼是達磨眾多弟子中四位最傑出者之一，雖然她並非達磨的付法者，但也深得達磨禪法精要，是比丘尼習禪有成的好開始。

　　中國傳統文化中很注重「長幼有序、男女有別、貴賤有異」的區分。但是佛教的般若空觀和本具的佛性論，否定了這些分別相的本質存在，因為它們不但起虛妄執著，更障礙靈悟。宋代大慧普覺禪師曾開示說：

你道她是婦人，女子無分得麼？信之此事，不在男、不在女、不在老、不在少，是箇一味平等法門。

　　大慧的意思是說你認為婦女沒有證悟成佛的份嗎？其實，你應相信成佛一事是不分男女老少，因為佛法是平等一味的法門。大慧禪師更進一步說：

此證悟事不論男或女、貴或賤、大或小，平等一如。為什麼呢？世尊在法華會上，只度得一個女子成佛，涅槃會上亦只度一個廣額屠兒成佛。

　　大慧禪師的這段話，不但毫不猶豫地肯定男女、貴

賤、老少各類衆生在證悟上的平等一如，甚至於大膽地宣稱佛陀在法華會上只度一個女子成佛。此女子當然是指前面已提到過的《法華經‧提婆達多品》中的龍女。龍女成佛的故事常常在禪師們的開示和語錄中引用。例如，永嘉眞覺禪師的《證道歌》就說：「非不非，是不是，差之毫釐失千里。是即龍女頓成佛，非即善星生陷墮。」善星（梵名須那利多羅）是佛陀弟子，出家後，精進修行，證得第四禪定。後來因親近惡友，認爲無涅槃法，否定因果，且對佛陀起惡心，因而生身墮無間地獄。永嘉禪師這句話的意思是，決定一個人成佛或墮地獄的是善惡「是」「非」的一念。「是」的話，八歲的龍女也可成佛，「非」的話，已證四禪的比丘也會墮地獄。法華會上當然不只「度一女子成佛」，大慧這麼說純是禪師們慣用的誇張的強調語氣，但是這也顯示禪師的開闊心胸和對般若空義和佛性的眞實瞭解。

禪宗持有最肯定的女性觀，除了可從它的敎義和思想上反應出來之外，更重要的是，禪宗不僅在理論上持男女平觀，更有二項具體的事實顯示出其對女性的尊重。第一，禪宗文獻資料如語錄、傳燈錄等，記載了不少的比丘尼禪師的傳記和法語，這無異是承認比丘尼在禪宗「傳佛心印」的正統嗣法地位，以及她們在禪悟上的成就。第二，禪籍中有許多出家和在家的善女人，與禪師們針鋒相對地議論禪境，而她們的證悟絕不遜於比丘禪師；尤有甚者，傳燈錄中記載有比丘因比丘尼禪師的啓

迪而開悟的事例。以下試舉幾個比丘尼禪師的禪風。

一、末山了然禪師

　　整個中國佛教史上，比丘尼事蹟中最具獨特意義的，當屬唐代筠州末山了然比丘尼禪師了。宋代道原編纂的《景德傳燈錄》單獨記載了然的故事，這有非常重要的意義，因爲除了梁代編的《比丘尼傳》和民國震華法師編的《續比丘尼傳》之外，歷代許多尼傳都「附錄」於高僧或名僧傳記中，換言之，她們只是「順便」被提及，可見不受重視，而末山了然是《景德傳燈錄》中收錄五十二世，一千七百零一位法嗣中唯一被單獨立傳的比丘尼禪師。雖然《景德傳燈錄》的男女禪師不成比例，但是在清一色男衆禪師的燈錄中，能容許比丘尼並列的事實，可證明禪宗有較開明的女性觀。

　　《景德傳燈錄》著重在記載禪師們「投針之玄趣，激電之迅機，示妙明之眞心，迷苦空之深理」，而省去他們「感應之徵符，參遊之轍跡」，因爲這些生平傳記已載於僧史。因此，《景德傳燈錄》並沒有了然的生平資料。我們僅知她是南嶽懷讓禪師第四世潙山靈祐門下高安大愚禪師的法嗣，可惜的是《傳燈錄》沒有告訴我們了然開悟經驗的因緣，而她的禪風也僅能從她與未開悟前的灌溪志閑之間「過招」的機鋒問答略知一二。

　　有一次，志閑禪師遊方到達了然駐錫的末山時，知道山中有一比丘尼禪師名了然。志閑自忖道：

「若相當即住，不然則推倒禪床。」

志閑的意思是他要測試了然是否真實開悟，如確實的話，他才會住下來，否則他就要「推倒禪床」，也就是要「拆了然的招牌」。可見志閑是帶著挑戰的心態而來。當志閑入堂內之後，了然遣侍者問道：

「上座是爲遊山而來，或是爲求佛法而來?」

「爲求佛法而來。」志閑回答。了然於是升座，而志閑向前參問。

「上座今日來自何處?」了然問志閑。

「路口。」志閑回答。

「何不蓋卻?」了然問志閑。志閑卻無言以對，於是志閑向了然禮拜。他接著再問了然：

「如何是末山?」

了然答曰：「不露頂。」

「如何是末山主?」志閑問。

「非男女相。」了然回答。

「何不變去?」志閑喝問。

「不是神，不是鬼，變個什麼?」了然反問。

志閑於是服膺，並且在了然處作園頭，負責種菜植花三年之久。後來，志閑又往參臨濟義玄禪師，得到最後的印證。

以上了然和志閑的故事含有極深意義，因爲它清楚地反應出禪宗對女性採取開明超然的態度。首先，從這個故事，我們雖然不知了然的開悟因緣，不過可以確知

的是她必定是位已有證悟的禪師，而且頗爲聞名，否則不會有比丘僧前去參學(或挑戰)。當時，有所證悟的比丘尼禪師，一定不只了然一人，可惜的是不曾被記載下來。

了然受肯定而被羅列於以男性爲主的禪宗法嗣中，已具相當意義，而志閑以比丘身份而肯「採低姿態」，參學比丘尼禪師，並且「禮拜」執弟子禮，其作法更具深意。依照「八敬法」的傳統，百歲的比丘尼甚至於還須向剛受完戒的年輕新戒比丘頂禮，卻沒有新戒比丘須向已是耆年高德的比丘尼作禮的規定。再者，比丘可敎誡比丘尼，反之卻不然。志閑完全不顧這些古老的禁忌，充分表現其重視明師的敎化甚於外在形式，這不正是禪宗超脫、開放、不著相的作風嗎？正因爲志閑不著相地參學男女明師才得開悟。

志閑不但肯以比丘身份參學比丘尼，更可貴的是，他毫不諱言，公開地將他的開悟經驗歸功於他的兩位師長——了然和臨濟。根據《指月錄》，志閑禪師於上堂時，曾對他弟子們說：

> 我在臨濟處得半杓，末山處得半杓，共成一杓。
> 喫了，直至如今飽不饑。

另一個非常值得一提的是了然和志閑問答中提到的有關「轉身」的問題。了然居住的山叫末山，當志閑問

她「末山主是誰」時，了然回答說「非男女相」。志閑緊接著向了然挑戰說「何不轉身?」志閑的意思是:「你為什麼不像《法華經》中的龍女一樣，轉女成男，來證明你的證悟境界呢?」前面我們已經討論過，在大乘經典中，許多女菩薩被要求轉女身。這樣的要求除了意謂必須以男身方能進入最高證悟境地之外，也顯示挑戰者落入分別相的執著中。志閑與經典中代表保守思想的舍利弗等人一樣，犯了同樣的錯誤，而了然對這個挑戰的反應與《維摩詰經》的天女一樣，全然拒絕轉身的要求。她反駁說她既不是神，也不是鬼，變個什麼?了然除了基於「非男女相」的悟解而拒絕轉身之外，她也暗示即使她有神通能變男變女，那也只不過是屬於鬼神境界的神通，她才不屑為之呢!經過這番「交鋒」之後，二人的功夫立見高下，志閑也不得不誠心佩服了。

《景德傳燈錄》中提及另一位比丘尼禪師，也以能轉身只不過是種神通為理由，而反駁轉身說。這個故事是記載於幽州譚空和尚的條目下，但未言明此比丘尼的法號。有次，此比丘尼欲開堂說法，譚空禪師卻對她說:

「尼女家，不用開堂。」

尼反駁說:「龍女八歲成佛，又作麼生?」

「龍女有十八變，汝與老僧試一變看。」譚空說。

尼回答說:「變得也是野狐精。」

以上小故事中的尼師想必是個有證悟的禪師，而且對自己頗有信心，所以想開堂傳授佛法。但是譚空禪師

卻給她澆了頭冷水，叫她不用開堂，理由是她乃「尼女家」。譚空之所以如此說，有二個可能。第一，譚空執有性別歧視的偏見，所以認為女性沒有能力開堂說法。如果譚空是因為男性優越感而有如此不當的反應，二人一陣「交鋒」之後，顯然譚空是敗陣而落居下風了。第二，譚空可能是要用禪宗慣用的反詰法，來激發和測試尼師的悟境。如果譚空的用意果真如此，則此尼師顯然順利過關。兩個可能性中，譚空的真正用意可能是後者，因為佛教典籍中雖有女人不能成佛說，在僧團組織制度上比丘的地位也高於比丘尼；但是，無論在教義或制度上，佛教從未否定比丘尼說法的能力和權利。

　　無論譚空對尼師挑戰的用意何在，尼師以「龍女成佛」反駁，是很恰當的回應。她的意思是八歲的小龍女都可成佛，為什麼她不能開堂說法。因為龍女在瞬間轉身成佛，所以譚空就要尼師何不也變一變。對付如此的挑戰，尼師與末山了然的對應完全一樣，即斷然否決轉身的觀念和必要性，因為即使她能變的話，也不過是像隻會變化成不同身形的野狐精而已，與證悟成佛無關。總之，成佛與否的關鍵在於個人領悟程度，而不在於性別差異。了然和尼師視轉身如變魔術，強烈表達這個訊息。

二、實際禪師

　　除了末山了然之外，唐代一位法號叫做實際的比丘

尼禪師，也曾對比丘僧的證悟經歷有所助益。實際禪師，氏族不詳，通曉禪理，常常到處遊化，成就法事。有一天，實際尼自遠方遊化到婺州金華山的俱胝和尚所住的庵前。她頭戴斗笠，手執錫杖，先繞行俱胝三匝，然後對他說：

「道得即拈下笠子。」如是三問，俱胝均無法作答。實際就準備離去。俱胝說：

「日勢稍晚，且留一宿。」

實際回說：

「道得即宿。」

俱胝又不知如何回答。實際離開後，俱胝不禁嘆曰：

「我雖處丈夫之形，而無丈夫之氣，不如棄庵，往諸方參尋善知識。」

當夜有山神告訴俱胝，不須離山，將有大菩薩來為他說法。不久天龍和尚到庵，俱胝把自己與實際禪師的對話告訴天龍和尚。天龍乃豎一指示之，俱胝當下大悟，自此凡有參學僧到，俱胝均僅舉一指，而不作其他開示。

從以上的記載可見實際尼師大有禪機，而俱胝和尚卻無法應對，因此自愧「雖處丈夫之形，而無丈夫之氣」。言下之意，頗有男性優越感受挫的意味，不過，卻也使他「發憤圖強」，因此可以說實際禪師是俱胝能於天龍和尚處開悟的一大助緣。可惜的是《景德傳燈錄》沒有為實際禪師單獨立傳，所以我們對她所知不多。

禪宗史上，有許多開悟的比丘尼禪師，她們都有能

力為比丘說法啓悟，但是有史可徵的，也不過是了然與實際二人而已。雖然如此，與其他宗派相比較，也足以表現禪宗的開明、平等的女性觀了。歷代許多禪師在他們的開堂說法、語錄，或著述中，也都對龍女、了然等稱讚有加，尤其是日本曹洞宗祖師道元禪師，更是如此。道元在他的《正法眼藏》就稱嘆了然是對志閑「擊關破節」的傳法師。《正法眼藏》共有九十五卷，其中的第八卷〈禮拜得髓〉中，更是充分表現道元禪師的「男女平等觀」。他說：

> 女人有何惡行？男子有何德行？女子中有善人，男子中有惡人。若想要聞法出離惑苦，應當忘卻男女分別。未斷惑前，男子女人都一樣為惑所苦，斷惑證理之後，男子女人則不再有任何分別。

道元也特別提到，由於對外相的執著，使得許多比丘僧不甘向有修有證的比丘尼禮拜問法。他批評這些人不懂佛法，因為在世間法中也許有男女等級的不同，但是在佛法中並沒有性別、貴賤之分，只有證悟高下的不同，所以他說百歲的老比丘不如八歲得道的龍女，而後學向得法者（無論男女）禮拜問法，乃是理所當然，所以道元強調說：

> 如有傳持正法眼藏，或已證得三賢十聖的比丘尼，

汝男子應向其禮拜求法，而比丘尼當受其禮拜恭
敬。

從以上了然、實際等比丘尼禪師與比丘的對應，以
及大慧、道元等大禪師對女性的態度，反應出禪宗的一
乘平等思想，確實落實到現實的兩性關係上。

禪宗典籍主要包括燈錄、語錄、頌古、公案等，這
些也是有關禪宗善女人資料的主要來源，下面舉幾個傑
出的例子。

三、圓機禪師

根據《嘉泰普燈錄》的記載，溫州淨居寺的圓機是
瑞安人，於唐景雲年間得度，世傳圓機是永嘉大師的弟
子。她常習定於大日山窟。有一天忽然心生一念：「法性
湛然圓妙，本來沒有去住之相，而我卻厭惡喧嘩，而欣
樂定寂，豈能算通達法性?」於是她即刻起程到處參學善
知識。有一天她往參雪峰禪師。

雪峰見圓機來訪時問道：「從什麼地方來?」

圓機回答道：「大日山。」

雪峰語帶機鋒地再問：「太陽出來了沒有?」

圓機也用機鋒語答道：「假使太陽出來了，會把雪峰
融化掉呢!」

雪峰聽出她的雙關語，再問：

「妳的名字是什麼?」

「圓機。」

「一天能織多少?」雪峰又問。

「寸絲不掛!」

圓機說完之後，即禮拜而退，才走了幾步路，雪峰對著圓機的背後說道:

「妳的袈裟拖在地上!」

圓機一聽，趕緊回頭整一下袈裟的衣角。雪峰毫不放鬆地「追擊」說道:

「好一個寸絲不掛!」

圓機頓然領會深旨。

《佛祖綱目》中有一不同的記載:圓機與她的兄長元覺禪師曾同參六祖，並曾著《圓明歌》，與永嘉的《證道歌》相表裏。後來倒立而化，經永嘉喝斥，才應聲而倒。殯葬的前夕，突然有大雷電，靈柩忽然不見，尋覓多時，才發現柩已安厝於大日山巖，因此後人將此巖命名為「機巖」。

這則機鋒相對的故事中，可看出圓機已有相當禪機，但是與雪峰相較量之後，圓機顯然居於下風，因為在她「寸絲不掛」的禪境中，卻難免「袈裟拖地」的牽掛。不過，經過與「高手過招」之後，更深化圓機的悟境，而從她倒立而化，靈柩飛躍山巖的神異傳說，可見在當時已被認為是位高尼。

四、劉鐵磨禪師

唐代還有一位很有名的比丘尼禪師叫做劉鐵磨。《碧巖錄》、《從容錄》、《五燈會元》都記載了有關她參訪潙山靈祐的故事，稱它為「鐵磨老牸牛」公案。劉鐵磨久參，機鋒峭峻，其師承和鄉貫均不詳，只知道她是劉氏女，人稱她為劉鐵磨。她在離潙山十里的地方結庵參禪修行。有一天去參訪潙山靈祐禪師，潙山見她來訪便問道：

「老牸牛！恁麼來。」

劉鐵磨問道：「來日五台山上有大會齋，和尚要去參加否？」

潙山不答腔，卻放身便臥，而劉鐵磨便出去。

佛果圓悟禪師將這個故事收入《碧巖錄》而成為一則公案，圓悟除重拈雪竇頌古之外，並加以評唱。雪竇頌曰：

> 曾騎鐵馬入重城（頌劉鐵磨恁麼來），
> 敕下傳聞六國清（頌潙山恁麼問）；
> 猶握金鞭問歸客（頌來日台山大會齋），
> 夜深誰共御街行（頌潙山放身便臥）。

圓悟稱讚雪竇的一百頌中，這一頌「最具理路，就中極妙，貼體分明」。因為若不是雪竇自己也「曾騎鐵馬

入重城」，若不是他與劉鐵磨和潙山有「同得同證」，怎能頌得如此貼切得要？

圓悟自己對此公案也有相當高的評唱，他認為劉鐵磨會得潙山的話意，因此兩人能夠「絲來線去、一放一收、互相酬唱，如兩鏡相照，無影像可觀，機機相副，句句相投」。他們兩人放則雙放，收則雙收，這是潙仰宗下所謂的「境致」，也就是「風塵草動，悉見端倪」的禪境。至於劉鐵磨和潙山相互酬唱的意旨，只有他們自己最瞭解，所謂：

高高峰頂立，魔外莫能知；
深深海底行，佛眼覷不見。

有關劉鐵磨的記載，除了《碧巖錄》、《從容錄》等正統禪籍裏的公案之外，《衢州府志》也有一段劉鐵磨參學的記載。據云劉鐵磨是衢州人，出家於淨信庵。鐵磨宿根深厚，廣涉叢席，親近許多善知識。有一日去參訪子湖禪師。子湖問道：「汝莫是劉鐵磨乎？」

鐵磨回答：「不敢。」

子湖說：「左轉右轉。」

鐵磨說：「和尚莫顛倒。」子湖便打。鐵磨在子湖禪師處侍座數年，悟徹玄關。受法回庵後，廣興教化，因她化益而見諦者不計其數，後來倒立而亡。

通常禪悟被認為是上根者才能成就的，從「鐵磨老

「牸牛」公案中劉鐵磨的表現，再次證明男女在佛法的修證上，是沒有上下之分的，更可貴的是，雪竇和圓悟的評唱也毫無保留地肯定這個觀點。

五、行剛祇園禪師

許多比丘尼禪師曾有語錄傳世，但能入藏的卻不多。行剛的《祇園剛禪師語錄》是其中之一，被收錄於《嘉興藏》。語錄中有陞座、小參、法語、拈古、偈語、示眾等。行剛比丘尼是臨濟宗南嶽獄門下第三十五世祖，字祇園，嘉興胡氏女，自幼即好禪靜。及長，父母不聽其出家，而將她許配常氏。未幾而寡，從密雲圓悟禪師得度，但是久參不得禪悟，於是又去參石車通乘禪師。通乘令她參「本來面目」，還是不得透脫。通乘禪師深加緊逼，甚至使得她「嘔血數升不輟」，可見其用功程度。

有一天當行剛剃頭下單時，豁然開悟，從此機鋒迅捷，通乘禪師授她如意祖衣，做為她開悟的記別。後來行剛住在梅溪伏獅院，首闢禪堂，森嚴峻絕，法席儼然，門下有很多傑出弟子，如一音、一揆、伏獅等都是名列禪譜的得法女禪師。

六、行致惟極禪師

《五燈全書》中記載杭州雄聖寺行致惟極禪師，乃姚江名家女，童真入道，常隨其父參密雲圓悟禪師，後來又參石奇通雲禪師於雪竇。密雲舉「舜老夫古鏡」因

緣問惟極曰：

「古鏡未磨時如何？」

「看脚下。」惟極答。

「磨後如何？」密雲問。

「兩眼對兩眼。」惟極答。

「何不舉問老僧。」密雲對惟極說。

「古鏡未磨時如何？」惟極便舉問。

「看脚下。」密雲照樣回答。

「磨後如何？」惟極又問。

「兩眼對兩眼，會麼了？」密雲便說。

「會即會，道不出。」

「是果然會道出，不會道不出。」密雲又說。

「道箇甚麼？」惟極問道。此語一出，密雲便給惟極一個巴掌。

「甜瓜徹蒂甜，苦瓜連根苦。」惟極說。

「你又恁麼去也？」密雲問，惟極便喝。隨呈偈曰：

　　不具冰霜骨，誰參乳竇禪；

　　斷崖飛雪處，千古逼人寒。

次日入室再參。密雲問：「昨日的作麼生？」

惟極近前曰：「和尚吃棒有分。」

密雲曰：「老僧過在甚麼處？」

「知恩報恩。」惟極答。

密雲曰：「莫污塗老僧。」

惟極曰：「蒼天！蒼天！」

以上是密雲和惟極師徒二人之間的酬唱，其中所說古鏡象徵自己的本來面目(佛性)。兩人機鋒銳利，確實不同凡響。

禪宗的各種史傳、語錄、頌古、公案、燈錄等，大約記載了數十位比丘尼的行蹟、開悟因緣、法語等。在一千餘年的禪宗史上，有證有悟的禪宗比丘尼一定不只這些人，但是由於種種原因而隱沒不為人知，實在可惜，否則後人對中國女性在禪宗的證悟經驗、師資相承等會有更多的瞭解。不過，從以上所舉幾個開悟比丘尼的例子，已足以證明即使在屬於上根者修習的禪宗，亦不乏比丘尼能與比丘並駕齊驅者，有些甚至於能凌駕比丘。

七、「婆子」禪師

事實上，不僅比丘尼中有傑出的禪師，有些在家的女居士也都能深得禪悟，她們常與禪師有旗鼓相當的對應。禪籍中都把她們稱為無名氏的「婆子」。有名的故事有：「婆子點心」、「婆子偷筍」、「婆子作齋」、「婆子眷屬」、「婆子燒庵」等，下面略述其典故。

「婆子點心」是有關德山宣鑑禪師開悟因緣的故事。德山姓周氏，劍南人，是青原下龍潭崇信的法嗣。他本是個學有所成的說法講經法師，在西蜀一帶講《金剛經》，由於他精通《金剛經》，人稱「周金剛」。他依經教，認

為學佛者須經千劫學佛威儀，萬劫學佛細行，然後才能成佛，而他所稱的「南方魔子（即禪師）」，卻說「即心是佛」、「見性成佛」、「頓悟成佛」，他非常不同意。於是就擔著《金剛經疏鈔》行腳，直往南方，以便破這批「魔子輩」。有一天，他在路上遇到一個賣油餅的婆子，遂放下疏鈔，準備買點心充饑。婆子即問：

「和尚所挑的是什麼？」

「金剛經疏鈔。」德山說。

「我有一問，若和尚答得，我就布施油餅作點心，若答不得，就到別處去買。」婆子對德山說。

「請問吧！」

「過去心不可得，現在心不可得，未來心不可得，上座欲點那個心？」

婆子舉出《金剛經》的一句，再附加上她的禪機。

德山經此一問，不知如何回答，心想自己被譽爲「周金剛」，居然被一位不起眼老婆子用《金剛經》的一句經文，就把自己問倒。傷心之餘，於是將經疏付之一炬，而改學禪宗。有一天，德山往參龍潭崇信。德山說：

「久聞大名，及至到來，潭又不見，龍亦不見。」

「子親到龍潭。」崇信簡單回答。

德山即時請辭要離去，崇信留他住宿一夜。到了晚上，德山在室外禪坐，崇信對他說：

「何不回室內？」德山對曰：「黑。」崇信便拿根蠟燭給德山，當他要接拿蠟燭時，崇信便將它吹熄，德山於

是當下大悟。

有關這則公案，《無門關》作者宗紹禪師有如下的評語，他說：

> 德山被者一問，直得口似扁擔。雖然如是，未肯向婆子句下死卻，遂問婆子，山處有甚麼宗師。婆云五里外有龍潭和尚，及到龍潭，納盡敗闕，可謂是前言不應後語。龍潭大似憐兒不覺醜，見他有此些子火種，郎忙將惡水，驀頭一澆澆殺，冷地看來一場好笑。

宗紹禪師且作頌曰：

> 聞名不如見面，見面不如聞名。
> 雖然救得鼻孔，爭奈瞎卻眼睛。

宗紹禪師一方面批評德山，雖被婆子問得啞口無言，「口似扁擔」，卻不肯向「婆子句下死卻」跟她執禮學禪，另一方面他也評德山參龍潭是「納盡敗闕」。依傳統佛教倫理而言，比丘僧尚且不得向比丘尼執弟子禮，何況在家女居士。從保守的佛教倫理立場來說，德山如此做，並非不如法，不過，宗紹禪師的觀點則更合乎禪宗的精神。

總之，「婆子點心」公案，是另一個比丘與女子以禪

機「過招」而「退陣」下來的例子，不同的是這個例子
中的主角不是比丘尼，而是在家的女居士。此婆子雖然
只是個賣點心的村婦，卻能即時以「三世心不可得」與
「點心」相結合，提出「點那個心」的問題探試德山，
這一方面表示她熟知《金剛經》，另一方面也顯出她的禪
機敏銳。更重要的，她是促成德山「去教就禪」的因緣。
也許有人會問爲何做小生意的村婦，對佛法有如此的深
悟，這可能是唐朝禪宗相當普及，再加上她自己深厚的
善根所致吧！

　　「婆子眷屬」的故事是指從前有一比丘僧到處行腳
參禪，有一天，偶遇一位獨自住在茅篷的婆子，僧便問
她：「有眷屬否？」婆子曰：「有。」僧又問：「在甚麼處？」
婆子答：「山河大地，若草若木，皆是我眷屬。」此婆子
要表達的是，有情無情萬物一體，天地同根的禪觀。

　　「婆子燒庵」的公案是講從前有一位婆子，供養一
位住在草庵的僧人達二十年之久。其間，此婆子常派遣
一個年輕女子送飯到庵中。有一天，她令女子送飯時抱
住那位僧人，然後問他道：

　　「此時你感覺如何？」

　　僧人回答說：「枯木倚寒巖，三冬無暖氣。」

　　女子回來後，如實告知婆子。婆子不悅地說：

　　「我二十年，祇供養個俗漢。」於是遣出僧人，並把
草庵燒毀。

　　「婆子偷筍」是指趙州禪師與一位婆子的故事。趙

州路逢一婆子。問曰：

「甚麼處去？」

婆子云：「偷趙州筍去。」

趙州問：「如果忽然遇到老僧，你應怎麼辦？」

婆子一言不發便打了趙州一巴掌，趙州卻默然離去。

趙州禪師還有一個與婆子有關的公案，即《無門關》中的「趙州勘婆」。有僧問婆子：

「台山（即五台山）路向什麼處去？」

婆子答：「驀直去。」

僧才行三五步，婆云：「好箇師僧又恁麼去。」後來僧人把這件事告訴趙州。

趙州說：「待我去與爾勘過這婆子。」隔日趙州見了婆子問了同樣的問題，婆子也作相同的回答。趙州歸來後對眾僧說：

「台山婆子，我與爾勘破了也。」

這位婆子的來歷及姓氏皆不詳。根據萬松的《從容錄》，此婆子「慣隨無著出寺入寺，飽參文殊前三後三」，可見也是位「老參」了。每次有僧人問她到五台山的路怎麼走，她不告訴他們去五台山的路，反而指給他們去長安的大道。如果他們照她的指示而一路，她就說：「好個阿師又這麼去了。」萬松禪師對她有如是評唱：

有收有放，千木隨身；能殺能活，權衡在手。

塵勞魔外，盡付指呼；大地山河，皆成戲具。

但是，《無門關》對此公案卻有較負面的評價。無門曰：

> 婆子只解坐籌帷幄，要且著賊，不知趙州老人善
> 用偷營劫塞之機，又且無大人相。檢點將來，二
> 俱有過，且道那裏是趙州勘破婆子處。

無門認為婆子「要且著賊」，而趙州「無大人相」，因此「二俱有過」。他因此而作頌曰：

> 問既一般，答亦相似；飯裏有砂，泥中有刺。

無論後人對「趙州勘婆」如何評唱，一位「無名」的婆子能與諸禪子酬對，運用自如地使「山河大地皆成戲具」的禪機，確實不同凡響了。

「婆子作齋」的故事出自《五燈會元》的〈龐行婆章〉：龐行婆入鹿門寺設齋，寺中的維那師父請意旨，婆拈梳子插向髻後曰：「回向了也」便出去。

龐行婆是唐代著名在家禪者龐蘊的妻子。龐蘊，衡陽人，世稱龐居士，曾參馬祖及石頭禪師而有深悟，其後，以機辯迅捷，與當時的禪林碩德丹霞、藥山、大梅等禪師都有見性的機緣對話。龐居士捨棄家產，偕妻子、兒子、女兒躬耕於鹿門山下，以「農禪」自娛。他曾作一偈描述全家共參禪法：

有男不婚，有女不嫁；大家圍爐頭，共說無生話。

可見他們一家四人都非等閒。

　　龐居士有女兒名靈照，亦有相當的機鋒。有一次龐居士問靈照：

　　「古人道：『明明百草頭，明明祖師意』，妳如何會？」

　　靈照說：「老老大大作這箇語話。」

　　龐居士又問：「妳如何會？」

　　靈照又說：「明明百草頭，明明祖師意。」龐居士大笑。

　　有一次丹霞禪師來訪龐居士，看到靈照在洗菜，丹霞問她道：

　　「居士在否？」

　　靈照不答腔，卻把菜籃放下，束手站立不動。丹霞再問，靈照提起菜籃便走。後來，丹霞把此事告訴龐居士，他即說：

　　「赤土搽朱孄。」

　　龐居士將入滅之際，令靈照出門外看時日的早晚，靈照回報：

　　「日已中矣，而有蝕也。」

　　龐居士乃出門觀看，靈照即登上她父親的座位，合掌趺坐而逝。龐居士一見笑曰：「我女鋒捷矣！」隨即亦坐化。龐行婆得知後說道：「這癡女兒與無知老漢，不報而去，何忍也。」便去告訴正在田裏工作的兒子。他一得

知父親、妹妹均已坐化，即將鋤頭放下，站立而化。龐行婆將他們的後事料理後，就不知去向。

龐居士全家都已達到來去自如的境界，而龐行婆和靈照的禪功夫不讓鬚眉，再次證明不但比丘尼，就連在家的婦女，於修學佛法的成就上，也絕不遜於男性。

以上所舉的幾個與「婆子」有關的公案，顯示了多方面的意義。一者，公案中與禪師對應的在家女居士，俱以「婆子」或「老婆」稱之，既無姓名，也無師承，這多少隱含了輕忽女性的意味，就像地方誌、野史，或中國二十四史的「列女傳」，對婦女不予具名，或僅以周氏、李氏⋯⋯等稱之，女性完全失去她們的人格的獨立和個別性（identity）。公案中「婆子」的稱呼正是反應出這種中國傳統文化中對女性的態度。

二者，雖然所有「婆子」均以無名氏出現在禪籍中，但是，就禪籍中能記載婆子與禪師們機鋒對應（大部份的婆子的禪悟境界高於與其對應的比丘僧，有位婆子甚至於敢打趙州一掌）的事實，也充分表現出禪宗有較開放的心胸和態度。

三者，由於禪宗的在家婦女在禪悟上有所成就，因此在中國佛教有所謂的「老婆禪」一詞產生，意思是「老婆子」所證得的禪法。《從容錄》有言：「鼻孔昂藏，各具丈夫相。腳跟牢實，肯學老婆禪。」後來，老婆禪漸漸變成禪師們接引學人，懇切叮嚀的一種禪風。如《臨濟錄》中說：

河陽新婦子，木塔老婆禪；

臨濟小廝兒，卻具一隻眼。

中國佛教史上，還有幾位有特殊志業和貢獻的比丘尼很值得一提。其中，智首比丘尼是海外弘法的第一位比丘尼。在中國僧侶數百年的西行求法運動中，無數比丘僧不畏險難至西域、印度等地求法取經，卻獨不見比丘尼西行求法的記載。此有二種可能：一是也許曾有比丘尼西行，但其事蹟湮沒不彰，後世當然無從得知。二是古代交通不便，長途跋涉，對女性確有困難，因此沒有比丘尼嘗試過，或雖嘗試而未竟全功。不過，雖沒有比丘尼西行的史實可考，卻有比丘尼東行日本弘法的記載。智首比丘尼是有史可稽海外弘法的第一位比丘尼。

隋唐佛教鼎盛，許多日僧入唐求法，使得禪宗、淨土宗、三論宗等相繼傳入日本。唐開元二十一年（西元733年）日僧榮叡、普照等來唐留學，有鑑於佛法已東流日本，但戒法不備，於是在留唐十年之後，禮請當時的戒學大師鑑真和尚東渡弘傳律法。鑑真和尚乃江蘇江都人，十四歲時出家於大雲寺，從道岸律師受戒學，又至長安、洛陽參學。後歸揚州，於大明寺講律傳法。鑑真深感日本乃佛法興隆之國，於是應日僧之請，決心赴日弘布戒律。鑑真與弟子們六度渡海，五次失敗，前後顛沛長達十二年之久，其間所遭遇的挫折和苦難，如不是有百折不撓的毅力、堅固的弘法精神，實不易克服。

鑑眞第一次的東渡因遭人誣告爲串通海賊而失敗。
第二、三次東渡都因遇海難而受挫。第四次欲東渡時，
則因其弟子靈祐捨不得師父東渡，而向官府請願，禁止
鑑眞出國。第五次東渡又遇暴風，而漂流到海南島。由
於長途跋涉，再加上南方天氣炎熱，遂使鑑眞罹患眼疾
而失明，雖然如此，卻不減其赴日傳律的決心。

　　天寶十二年，日本遣唐使藤原等人再度延請鑑眞和
尙東渡，這是第六次啓航。同行者有法進、曇靜、思託、
普照等一十四位比丘，及智首等三位比丘尼、優婆塞潘
仙童等，總共二十四人。他們攜帶許多經卷、法器等，
其中還包括二本《比丘尼傳》。這一次渡海終於順利到達
日本，鑑眞一行受到朝野盛大歡迎。不久於東大寺爲日
皇、大臣、庶民傳授菩薩戒，爲日僧重授比丘戒，鑑眞
成爲日本律宗的始祖。

　　鑑眞的渡日弘法傳奇，由日僧元開記載寫成《唐大
和上東征傳》。幸好有此傳記傳世，我們才知道當時隨鑑
眞同行的有智首等三位比丘尼。《東征傳》中僅說智首住
藤州通善寺，其他事蹟已不可考。智首等人以孱弱之軀，
而能犯萬鯨波，不畏艱辛，爲建立法幢而投身異域，其
志節令人感佩。然而，令人扼腕的是智首等人抵日之後
即「下落不明」。《東征傳》對鑑眞的隨行比丘在日本弘
法活動均曾提及(如思託受請爲日僧講律疏)，獨對智首
等比丘尼在日本的行跡卻隻字未提。致使後人無法得知
她們對日本尼衆僧團有何影響和貢獻。再者，《東征傳》

提及鑑真首次立戒壇為四百四十餘位沙彌授具足戒，並且為舊大僧忍基等八十餘人重新傳授比丘具足戒，以後度人逾四萬等等傳戒的活動，但卻未提到日本尼眾是否參與受戒，故很難得知鑑真對日本比丘尼僧團的建立和律制的確定有何影響。自古以來，制史者忽略女性的存在，對她們的記載不是輕描淡寫，就是根本置之不理，如此造成史料的缺乏，小而言之，婦女的功業湮沒不彰，大而言之，也是整部人類文明史的不可彌補的損失。

比丘尼在弘揚佛法上，除了不畏險難渡日的智首之外，還有一位特別值得一提，她就是金朝聖安寺的法珍。根據《金史紀事》記載，法珍乃潞州崔進女，自幼習佛，明了大義，性喜流通正法，書寫刊布佛典。大定十八年（西元 1178 年），法珍曾「印經一藏」進獻朝廷，金世宗命聖安寺設壇，為她授戒為比丘尼。大定二十三年，賜紫衣，並封為「宏教大師」。明昌四年為立碑石，由祕書丞兼翰林修撰趙渢記，翰林侍講學士黨懷英篆額。

法珍比丘尼何以受到朝廷如此禮遇？主要是因為她靠自身苦行以倡刻大藏經。法珍為勸募刻印大藏經，自行斷臂以示決心，當時施主深為感動，有資產者每以「一人輸財至貫」，刻經至數十卷；無餘蓄者則施樹、施穀、施騾、施布等磬其所有，甚至「檀越破產賣兒應有之」，可見響應之熱烈。法珍的刻版流通之後，使佛法得於在金國流傳更廣，故復得加賜紫衣，賜號「宏教大師」，且銘之於金石，法珍的功業可說是實至名歸。

總括而言，法珍刻藏有幾個特點：

1. 古代刻藏由於經費龐大，此種全國性的文化事業，多為政府出資，故屬官版，而法珍版的「金藏」是完全由平民出錢出力參與刻印完成的民間版藏經，更具特殊意義。

2. 法珍斷臂苦行感人，至有傾家產，甚至於賣兒以響應者，可謂是全民參與的宗教文化運動。

3. 整部藏經歷經三十年才圓滿刻成，可見眾人堅持不撓的精神。

法珍所倡刻的「金藏」，因年代久遠，早已佚失，不為人所知，幸好民國二十二年範成和尚於山西趙城廣勝寺發現一套五千多卷的金藏，裏面有許多是宋元明清各藏都沒有收集的典籍，例如《傳燈玉英集》、《曹溪寶林傳》等都是久已被認為失傳的禪宗史料。又如玄奘弟子窺基的《因明入正理論疏》、《因明論理門十四過類疏》，均屬於因明的重要文獻。後來由蔣唯心等人考證、選擇，挑出宋元明清各大藏經未收入的「孤本古籍」共四十六種刊印流通，題作《宋藏遺珍》。

佛典是使佛法得以流傳後世的法寶，但由於天災人禍等因素，使許多佛典佚失，故歷代不斷有官方或民間刻藏流通。法珍比丘尼能以斷臂的苦行，感召一般老百姓慷慨解囊，積三十年始完成，其護持法寶的精神，值得萬世流芳。再者，由於其募刻的金藏保存許多失傳的典籍，使得今人可以研讀，這更要歸功法珍了。

第五節　比丘尼的詩偈

　　古代中國婦女在「女子無才便是德」的思想桎梏下，心智發展受到的限制是可想而知的。一般婦女沒有受教育的機會，即使少數人受過教育，且能詩能文，她們的詩文也常因不受重視而未流傳下來，比丘尼的情況亦復如是。現存比丘尼的詩文極少，以下試舉數例。

　　海印比丘尼是唐末人，住西蜀慈光寺。海印才思清峻，落筆成韻，堪稱是位才女。《全唐詩》中收錄許多比丘僧所作的詩，但尼眾僅收錄海印的〈舟夜〉。詩云：

水色連天色，風聲益浪聲；
旅人歸思苦，漁叟夢魂驚。
舉棹雲先到，移舟月逐行；
旋吟詩句罷，猶見遠山橫。

　　想必海印還有許多餘作與此相稱，可惜皆不曾傳世。

　　所有流傳下來的比丘尼的詩偈中，以〈梅花〉最負盛名。其作者的法號已不考，故後人稱她為「梅花尼」。今僅知她是元朝人，學道懇切，遍訪善知識，歷經多年均無所獲。有一天偶然看到梅花開放，豁然大悟，於是作偈曰：

盡日尋春不見春，芒鞋踏破嶺頭雲；
　　歸來笑撚梅花嗅，春在枝頭已十分。

　　這真是見性語，非常貼切的道出尋師求道者的心路歷程，可謂永垂不朽的名偈。
　　宋代有位能詩文的比丘尼名正覺，她是海鹽人，樞密郭三益的孫女，曾適葉氏，但早寡。她誓節為尼，居法雲寺，常時禪坐，參究本來面目。由於她善文詞，間作詩歌而寓化導。有絕句云：

　　春潮湖上風兼雨，世事如花落又開；
　　退省閉門真樂趣，閒雲終日去又來。

　　幽鳥枝頭不住聲，天開雲霽一窗晴；
　　西來妙意非文字，金屑休教落眼睛。

　　元代妙湛比丘尼，出身不詳，居長明庵。庵處曠野，垣內有屋三層。妙湛於庭院內豎一長杆，頂上懸一燈，叫做長明燈。垣外則有二株高大松樹，墨氣高古。長明庵旁臨小溪，溪水清澈，涓涓而流。妙湛善詩詞，曾就她居住的長明庵四周景物，信手拈詩云：

　　雙樹陰陰落翠嚴，一燈千古破幽關；
　　也知諸法皆如幻，甘老煙霞水石間。

超具比丘尼乃清朝吳興人，住蕭山庵。身世、師承均不詳，她曾對三則公案作偈頌，即「馬祖翫月」、「靈雲桃花」、「香嚴上樹」，可見其習禪頗具心得。

根據《五燈會元》，「馬祖翫月」公案是指馬祖道一禪師，與他的三個法嗣西堂智藏、百丈懷海、南泉普願之間，借翫月之際互道禪機。有一夜，三人隨侍馬祖翫月，馬祖借機問曰：

「正恁麼時如何？」

西堂智藏曰：「正好供養。」

百丈懷海曰：「正好修行。」而南泉普願不答腔，便拂袖而去。

馬祖說：「經入藏，禪歸海，唯有普願獨超物外。」

超具比丘尼對以上「馬祖翫月」，有評頌曰：

> 十分光彩一輪圓，說得分明總枉然；
> 供養修行拂袖去，何嘗夢見祖師禪。

「靈雲桃花」公案是指靈雲悟道的故事。靈雲的師父是溈山靈祐，因見桃華而悟道，遂呈一偈予其師靈祐，偈曰：

> 三十年來尋劍客，幾逢落葉幾抽枝；
> 自從一見桃華後，直至如今更不疑。

靈祐看過偈頌後印證其悟境，並說道：「從緣悟達，永無退失，善自護持。」後來，有僧人將此公案告知玄沙師備禪師，玄沙說：

「諦當！甚諦當！敢保老兄猶未徹。」

眾人疑此語，玄沙問地藏桂琛禪師曰：

「我恁麼道，你恁麼生。」

地藏云：「不是桂琛，即走殺天下人。」

以上記載中對靈雲見桃華悟道，潙山和玄沙似乎有不同的看法，而超具尼則有頌曰：

春來桃李遍天涯，添得靈雲眼裏花；

今古無能辨端的，半疑半信是玄沙。

「香嚴上樹」公案是有關香嚴智閑禪師啟悟的故事。香嚴是潙山禪師的法嗣，久參不悟，後因瓦礫擊竹作聲而廓然大悟。有一日，香嚴對眾徒說：

如人在千尺懸崖，口銜樹枝，足無所蹋，手無所攀，忽然有人問：「如何是祖師西來意？」此人若開口，即會墮崖喪身生命，若不答則又有違他所問，當恁時，作麼生？

時有僧答曰：「上樹時即不問，未上樹時如何？」

香嚴笑而不答。

《無門關》對此公案評唱說：「縱有懸河之辯，總用不著，說得一大藏教，亦用不著，若向者裏對得著，活卻從前死路頭，死卻從前活路頭。」可謂相當貼切的評唱。

超具也有一詩偈評此公案，偈曰：

全身上樹儘風流，祖意西來話未周；
不得旁人來救助，看君懸到幾時休。

最後，再舉一個才女型的比丘尼。無我比丘尼是清初平南王尚可喜之宮人，隨王女（法號自悟）出家於南海檀度庵。無我尼師不但能文工詩，而且善畫，尤精人物，曾畫自悟像。而最特殊的是，她曾畫「通體小影」，畫中士女支頤枕石而臥，蕉陰苔色，上下掩映，上有題句曰：

六根淨盡絕塵埃，嚼蠟能尋甘味回；
莫笑緣天陳色相，誰人不是赤身來？

此畫顯現無我的見地高妙，而畫本身的象徵意義深遠。它是取《維摩詰經》的「是身如芭蕉，中無有堅」的涵義而作的。總之，無我比丘尼由於出身宮廷，擅長詞翰之學，又精內典，且擅書畫才藝。更特別的是在身處禮教保守的嚴謹時代，敢於嘗試「通體」之作，以表現其所瞭解的佛法意境，無我比丘尼確實不同凡響。

除了上述能詩文的比丘尼，有蹟可考的尚有宋代的祖懃，明朝的悟蓮（有《清端閣詩卷》傳世），清代的明本、宛仙、妙惠等。中印佛教近二千年歷史中，有文才，能文能詩的比丘尼不計其數，然而無論是她們的論著、譯作、注疏、法語或詩偈等，傳世的卻是少之又少，實令人惋惜不已。

第四章　現代臺灣佛教
的善女人

現代臺灣佛教被國際佛教界和學術界，認爲是最具
有活力和特色的佛教團體之一，「十字路出版社」（Cross-
road Publishing Company）最近編集的《宗教百科全
書》（*World Spirituality：An Encyclopedic History
of the Religious Quest*）還特別增列了「現代臺灣佛
教」的這個條目（Buddhist Spirituality in Modern
Taiwan），可見一斑。

自光復後到九○年代的四、五十年之間，臺灣佛教
隨著內在的自我覺醒，和外在社會變遷的影響，逐漸呈
現蓬勃的發展。現代臺灣佛教的發展大致可分成三個時
期：自 1946 年光復後到 1960 年屬於第一時期，自 1961
年至 1980 年爲第二時期，自 1981 年到現在爲第三時期。

臺灣佛教的第一個時期，由於當時的政治壓迫、經
濟困難、社會風氣閉塞，在此大環境下，佛教雖然發展
緩慢，但是教內的幾種措施卻也奠定了發展的基礎。光
復後，中國佛教戒壇的重建是很重要的一個措施。日據
時代，臺灣雖曾舉辦過傳戒，也有僧尼遠渡重洋到日本

或中國大陸求受戒法，但為數甚少。當時臺灣有許多屬於齋教的所謂帶髮修行的「出家眾」，雖然她們確實割愛辭親，遷住寺院潛修，但畢竟不合律制的出家標準。再者，因受日本佛教傳統的影響，當時有一些娶妻食肉的僧人。這些情況隨著戒壇的建立而逐漸改善。民國四十二年由大陸來臺的法師，於臺南縣大仙寺首開三壇大戒，此後每年各寺院輪流傳戒，四十餘年來，受戒僧尼達數萬人。姑不論後來傳戒衍生了一些問題，戒壇的建立，確實使臺灣佛教擺脫日本佛教僧侶世俗化的傳統，強化出家眾的戒律觀念和實踐，在佛教徒心中建立了出家眾清淨的形象。

除了傳戒之外，積極設立佛學院也是影響臺灣佛教發展的重要因素。日據時代，臺灣本土佛學教育並不普遍，有些僧尼選擇前往日本接受較有系統的佛學教育。光復後最早辦學的是中壢圓光寺，其住持妙果和尚，早在民國三十七年即邀請慈航法師來臺辦學。慈航法師首先巡迴全島演講他的教育理念，燃起振興臺灣佛教的新希望，和僧尼求學的熱潮。此後二十年內，大致有三、四十個佛學院陸續成立，到了九〇年代，停停辦辦的佛學院和佛學研究所累計的總數恐怕有五、六十所之多。雖然直到目前，臺灣僧伽的佛學教育還是存在許多無法突破的觀念和組織上的問題，但是自光復以來廣設的佛學院教育，對臺灣佛教還是有相當的貢獻。

臺灣佛教的第二時期自 1961 年到 1980 年止約二十

年，此時期正值臺灣經濟起飛和教育普及的時期，這些適時的外緣，提供佛教極大的助力。而在教內，這時期最大的成就是大專佛學社團的成立。

大專佛學社團的成立，應歸功於周宣德居士向大專學生弘法的遠見。民國四十七年周宣德六十歲生日，以生日禮金移印《八大人覺經》和梁啓超所編的《佛教之特色與價值》一千部，贈送各大專學生研讀，並鼓勵和獎助學生撰寫研讀心得，以引起學生閱讀佛典的興趣。民國四十九年佛誕日，由於周宣德的推動，臺灣大學首先成立第一個大專佛學社——晨曦社。不久，師範大學也成立中道社。此後，全國各大專院校的佛學社相繼成立，至今幾乎每一個專科以上的學校都設有佛學社團。

幾十年來，大專佛學社接引無數大專學生學佛，一方面從事教義的鑽研，另一方面也實修各種法門。社員畢業後，有的成立居士林，於各行各業中發揮影響；有的進一步出家成為專職的弘法人才。對提昇出家在家二衆的水準，大專佛學社團可說功不可沒。

再者，大專佛學講座及佛學夏令營的舉辦、大專佛學獎學金的設立等，對接引知識份子學佛也發揮了極大的作用。每年暑假，許多寺院主辦的夏令營，提供了知識青年聽聞佛法和體驗佛教生活的機會，而大專佛學講座的課程也能滿足他們的求知欲。

周宣德所創辦的慧炬雜誌社，除了密切與各大專佛學社團舉辦活動之外，也經辦各種佛學獎學金，如彌勒

獎學金、范道南獎學金等共有二十餘種之多，每年約有一、二百大專學生和研究生接受這些獎學金。因爲學生須以佛學論文申請，對提昇大專學生的佛學程度有很大助益。

自1981年迄今是臺灣佛教發展的第三個時期，基於前二時期佛教界努力所奠定的基礎，再加上臺灣經濟的高度發展、社會和政治逐漸開放，近二十餘年來臺灣佛教在醫療、慈善、弘法事業、佛學研究、社會教育等方面，均有相當成就，這是社會大衆有目共睹的。

光復後臺灣佛教最大的特色之一莫過於傑出佛教女性輩出，且已躍居領導地位，這是古今中外佛教界難得一見的現象。雖然從《長老尼偈》中證阿羅漢果的長老尼、《勝鬘經》中辯才無礙演說大乘法義的勝鬘夫人、《維摩詰經》中深悟空義且具幽默感而捉弄舍利弗的天女等，可見佛教不乏傑出善女人，然而自古以來受制於「八敬法」，男尊女卑等傳統的保守思想，佛教婦女無論是在僧團或社會組織中一直受到不平等的待遇。但是，現在的臺灣佛教女性已突破數千年來思想和制度上的桎梏，不但可以和佛教男性分庭抗禮，更在社會發揮很大的影響。

臺灣佛教女性之所以能突破前人的格局，有三個主要的因素，一是社會思想開放和價值觀的改變，二是教育水準的提昇，三是雄厚的自主性經濟能力，而這三個因素與臺灣近四十年來的大環境的變化有密切的關係。近年來臺灣社會已從封閉保守發展成民主自由，容許女

性從扮演賢妻良母的傳統角色，擴展到在社會各階層扮演舉足輕重的角色。婦女可以做個擁有自己事業的單身貴族，也可以出家奉獻佛教，而不會有社會或家庭的壓力，這就是單身女性佛教徒和比丘尼日益增加的原因之一。由於佛教的教義與民主、自由、平等的本質相契合，所以越是民主、自由、平等的社會，對佛教的發展越有利，尤其對佛教女性團體更是如此。

臺灣佛教比丘尼人數大約是比丘的三倍，而年輕這一代的比丘尼有許多是大專畢業生，擁有碩士、博士學位的也不乏其人。比丘尼的高教育水準是尼眾僧團發展的最大資產，她們有的從事講經說法；有的從事教育工作，如辦大學或佛學院；有的致力於社會慈善公益或文化工作；有的熱心社會運動等等。臺灣佛教女性自身的高教育水準，及她們的使命感，使她們積極投身高等教育，事實上，能開先例，在公私立大學任教的就是比丘尼。到目前為止，已有十餘位出家和在家的女性佛學學者在各大學任教，她們不但在學術界上有所貢獻，也成為年輕一代佛教婦女的楷模（role-model）。

另一個臺灣佛教女眾僧團強盛的原因，是尼眾在寺中不但掌握經濟大權，而且擁有廣大的信徒，在人力和財力豐沛的條件下，無論她們要從事弘法、教育、慈善、文化等任何工作，均能得心應手。再者，尼眾僧團中，不乏德高望重的師長和領袖人物，因此能接引年輕一代的女性信佛，甚至於出家。總之，臺灣佛教婦女正順著

良性循環不斷地發展，她們不但在社會上扮演積極角色，改變社會上錯認佛教爲消極的刻板印象，而且在教內也能擺脫傳統性別歧視的意識形態，充分地發揮其宗教和社會的功能。總之，臺灣光復後，出家女眾的崛起，其地位之提高及對佛教教育、弘法、慈善等事業貢獻之大，都是其他佛教國家的尼眾僧團難以想像和無法相比的。

以上所說的臺灣佛教三個時期的發展過程中，佛教的善女人，無論是出家眾或在家居士，都有極大的貢獻。以下試舉幾位代表性的比丘尼。

一、護教者──四比丘尼

慈航法師於民國三十七年，應中壢圓光寺住持妙果和尚之邀請來臺辦學，民國四十三年圓寂於彌勒內院。此六年間正是光復後政府遷臺，臺灣政局動盪不安的時期。當慈航法師在面臨內在經濟困乏，外在政治壓迫的困境時，適時伸出援手、鼎力護持的卻是一向被認爲是「弱者」的女眾僧團，其中護持最力的是達心、玄光、修觀、慈觀四位比丘尼法師。

民國三十八年，正值中國大陸局勢危急之際，當時的臺灣也處於風聲鶴唳，人人自危之中。政府常以匪諜嫌疑或反動意圖的理由，而隨意逮捕大陸來臺或臺籍人士，出家人也不例外。慈航法師和其他二十餘位大陸來臺法師就是因被疑有匪諜之嫌，而遭政府逮捕下獄。當時佛教界僧俗全力營救，尤其是玄光法師師徒四人，經

過半個月的努力，才使慈航法師等人獲得釋放。

　　慈航法師出獄後，帶著追隨他的十幾位大陸來臺僧青年，正處於無處可去的窘境時，汐止「靜修院」的住持達心和玄光兩位尼師，欣然接往「靜修院」駐錫。玄光法師是新竹縣竹東人，十八歲歸依佛門，二十歲受具足戒於苗栗大湖法雲寺。達心法師熱心教育，深有見識，可惜於民國四十五年正值壯年時即圓寂。

　　修觀法師乃臺北「菩提講堂」的住持，早歲依止達心法師出家於「靜修院」，她與慈觀法師曾就讀於慈航法師在圓光寺所創辦的「臺灣佛學院」。事實上，「臺灣佛學院」只開辦了六個月的預備教育「訓練班」，就因為種種因素而停辦。雖然修觀法師和慈觀法師二人與慈航法師只有短暫的師生關係，但是她們二人還是極力護持慈航法師。

　　慈觀法師出家於基隆寶明寺，在慈航法師來臺之前，她已出家多年。因為受傳統寺院的薰陶，她一直以傳統的誦經禮懺，早晚兩堂功課為修行要目，沒有機會深入解門。但是慈航法師的來臺辦學，對她起了很大的影響。慈航法師原擬在圓光寺辦「臺灣佛學院」，而為了招募學生，乃巡迴全島演講他培育僧才的教育理想，在當時曾起了一股僧尼求學的熱潮。慈觀法師在基隆靈泉寺，聽慈航法師演講時強調興辦「教育、文化和慈善」為「佛教三大救命環」，深受感動而激起她求學的熱誠。她於是前往圓光寺就學，成為光復後臺灣佛教婦女接受正統佛

學教育的先驅。

慈航法師無端遭遇牢獄之災，出獄後由達心和玄光二尼師暫時安頓於「靜修院」，雖然如此，當時政府仍嚴密跟蹤監視。

有一天晚上一批刑警到「靜修院」搜查。達心法師將慈航法師藏於閣樓上，自己從容應付那些刑警，才使慈航法師免於再度被捕。此後達心等四位尼師帶著慈航法師到深山中的光明寺、寶明寺的防空洞、靈泉寺的開山堂等地方東躲西藏，度過一段備受驚嚇和艱辛的日子。達心、玄光、修觀、慈觀師徒四人，不畏被牽連，盡力照料和協助躲藏，避免受官方盤查，使慈航法師安全度過「白色恐怖」的歲月。她們不顧己身安危，冒險犯難以護師護教的大無畏精神，留下了佛教女性勇敢、堅毅的最佳典範。

劫難結束之後，爲了使慈航法師能繼續講學，和安頓其他逃難來臺的僧青年，達心和玄光二師更建「彌勒內院」作爲講學和安居之用。爲了籌措「內院」的建築費，達心法師除傾「靜修院」常住多年的積蓄，及當賣其私人所存的一些貴重物品之外，甚至於還得舉債。而在建築工程方面，更是動員全院徒眾掘土、搬運水泥磚瓦等。這些尼師的精神眞是令人感佩。「彌勒內院」完成後成爲當時僧青年最嚮往的地方，也是最具影響力的教育中心。

「靜修院」玄光、達心、修觀、慈觀等人護持慈航

法師的形態，後來似乎成了臺灣佛教男女眾僧團關係的一種模式，這與政府遷臺，大批大陸僧人來臺有密切關係。由於當時時局的混亂和經濟的困頓，臺灣的佛教尼眾和女居士紛紛護持大陸籍僧眾，一方面給予他們物質上的協助，另一方面也依止他們學習佛法，例如：基隆海會寺的心光法師護持道源法師，天乙法師和明虛法師護持白聖法師，佛光山的比丘尼眾護持星雲法師。臺灣佛教四、五十年來，男眾法師的貢獻，固然功不可沒，但是背後護持他們建立佛教事業的出家、在家佛教善女人更是不可或缺的幕後功臣。事實上，到現在為止，廣大的佛教婦女還是推動佛教的主力。不過，最近一、二十年，不少女眾法師更能獨當一面，建立她們自己的佛教事業，呈現後來居上之勢，曉雲法師和證嚴法師是最佳例子。

二、教育家──曉雲法師

曉雲法師性耽禪悅、樂文詞、嗜丹青，早歲即獻身社會教育，資歷相當豐富。她在民國二十二年曾任教於香港高級女子中學，抗戰勝利後，於廣西國立華僑中學任教一年後，即取道南洋群島，到印度巡禮佛國。民國三十七年曉雲法師進入「國際大學」研究佛教藝術，前後達四年之久，同時任教於該大學藝術學院，講授「中國繪畫史」。在印度期間，曉雲法師遍參佛蹟，並曾在佛教藝術勝地「阿姜塔」臨摹佛教壁畫。

民國四十四年，曉雲法師開始環遊世界，經三年時日，遊歷亞、美、歐三大洲共二十餘國，舉行十餘次的雲門畫展，並參訪各國文教人士，除了增廣自己的見聞之外，也促進國際文化的交流。

回香港之後，曉雲法師依止天臺宗尊宿倓虛大師，圓成出家志願，迄今四十年，以終生不建寺、不濫收徒眾、不任住持的原則，無怨無悔地投身佛教藝術和教育的工作。首先，她在香港創辦慧海中學、慧泉、佛教文化藝術協會等機構，全力推展佛教文化教育事業。

民國五十六年，曉雲法師應中國文化大學創辦人張其昀之聘來臺任教，在哲學和藝術研究所講授佛教哲學、佛教藝術兩門課，成為第一位在大專院校任教的出家人。她同時於陽明山永明寺創立蓮華佛學園、華梵佛學研究所，致力於僧教育工作。

曉雲法師有鑑於政府政策長年忽視人文教育的重要性，因而佛學、神學等宗教研究得不到教育部的承認，二十年來不斷地想籌辦一所大專學院，以推展人文教育和佛學研究，終於在七十六年獲教育部核准創建「華梵工學院」。七十八年開始招生，七十九年並且增設人文科系，改置為「華梵人文科技學院」，目前共有七個學系，一個研究所。

曉雲法師重視人文和科技的整合，倡導「覺之教育」，加上她自身的藝術素養，使得「華梵人文科技學院」充滿了人文和科技融合的氣息，期以培養出「全人」的新

生代。「華梵人文科技學院」是有史以來中國佛教界創辦的第一個教育部承認的學院，而且是由一位比丘尼獨立創辦，意義重大，從此以後，佛教界不會再是高等教育工作的缺席者了。

雖然教務和法務繁忙，曉雲法師仍致力佛教文化工作，每年舉辦佛教藝術清涼藝展、佛教文物展等，並且為了推展國際佛教學術交流，多次舉辦國際佛教教育研討會。再者，她也出版《佛學論文集》、《印度藝術》、《佛教教育研討會論文集》、《覺之教育》等書，宣揚其教育理念。

總之，曉雲法師出家三、四十年，以堅毅不拔、特立獨行的風格，把全付精神投入佛教、文化、藝術工作，其貢獻將永誌佛教史中。

三、慈濟家——證嚴法師

證嚴法師是豐原人，自幼善良孝順，十五歲時為母病而發願素食戒殺，鄰里稱道為「孝女」。二十三歲時其父猝逝，頓感世間無常，而開始學佛。她先到豐原的慈雲寺親近修道法師。民國五十一年，證嚴法師帶著四位同修弟子到花蓮，寄住於供奉地藏王菩薩的普明寺，以做手工維生，生活相當清苦。

翌年臺北市臨濟寺開壇傳戒，證嚴法師到戒場準備報名受戒。但是因為她是自己削髮的，沒有剃度師父而被拒。失望之餘，她準備再回花蓮靜修，乘在臺北之便，

到慧日講堂請購一部《太虛大師全書》而巧遇印順法師。經過一番懇請之後，印順法師慈悲攝受，收她為徒，且並取法名為「證嚴」，字「慧璋」。而當時印順法師對她的勉勵——「有幸出家，要時時刻刻為佛教、為眾生」——成為她終生奉行不渝的訓示。

　　民國五十五年的二個小因緣，結成了「慈濟功德會」的大願果。有一次證嚴法師去一個醫院探望生病住院的信徒，偶然地在醫院地上看到一灘血，原來是因為一位原住民婦人小產，卻因為繳不起住院保證金而被拒收，看到這種情形引起她內心極大的震撼。也種下了她日後從事慈濟工作的目標。

　　過了不久，花蓮海星女中的三位修女，到普明寺拜訪證嚴法師。她們談及佛教雖然有最慈悲的教義，與天主教相比，對社會的慈善福利工作卻缺乏具體表現，尤其像花蓮偏遠一帶，更是如此。三位修女善意而尖銳的評語，成了證嚴法師「起而行」的增上緣，她從此立志為貧窮落後的東部從事救濟工作，落實佛教慈悲濟世的精神，「慈濟功德會」因此而誕生。

　　最初功德會的善款有二個來源，一是寺中六位住眾做嬰兒鞋的收入，每個月大約有七、八百元。另一來源是三十位家庭主婦的信徒，每日上市場買菜前先省下五角硬幣，投入竹筒，每個月可省下四百五十元。從最初三十六位僧俗善女人的出錢出力，到今日三百多萬不分男女老幼的「佛教全民運動」，呈現了點滴成河，聚沙成

塔的成果。經過三十年和數百萬人的努力，目前慈濟的工作範圍已從慈善，擴及到醫療、教育、文化等四大志業。

慈濟工作方面包括低收入的濟助、義診藥費補助、賑災、急難濟助和喪葬濟助等。慈濟功德會從事的濟助工作有一個特點，即對每個補助個案，都是由慈濟會員直接探訪和慰問，視其需要而給予適當的精神上和物質上的濟助。每三個月委員會實地複查個案，視狀況停止或繼續濟助，如此密切和充滿關懷的直接接觸，在施者和受施者心中，引起慈悲喜捨宗教精神的共鳴。最近慈濟更把慈濟工作擴展到國際救難，積極從事國際賑災，例如孟加拉和中國大陸的水災、衣索匹亞的饑荒，甚至於南加州地震的災民、魯安達的難民都是其濟助的對象。

證嚴法師有感於「貧」與「病」乃相依而生，在經歷多年的慈濟救助後，為了提昇慈善工作的層次，開始與醫療志業進一步結合，以解決貧病的根源。首先，她在 1986 年建「慈濟醫院」，目前已是臺灣東部臨床和研究並重的教學醫院。它並設有醫學研究中心、原住民健康研究室、兒童發展復健中心等。

慈濟醫院最大的特色是它有「慈濟志工服務隊」作為後援。它是由兩千多人組成，另有海外會員、大專學生利用假期到醫院做義工。他們的工作包括溫言軟語慰問病人，幫病人洗澡，帶病人掛號檢查，為病人表演唱歌等娛樂活動，以及送病歷、做棉球、紗布、縫補被單

等後勤服務。他們更推動「出院關懷計劃」，即是特別針對慢性病人，以居家方式提供照顧，讓患者縮短住院日，並經由持續性的照顧，降低患者的再住院率。整個計劃包括居家護理、家庭訪視、臨終關懷，而這些工作的主要人力資源均來自「慈濟志工服務隊」。他們到出院的患者家中慰訪、提供家事服務，或給予宗教心靈的協助，一直到患者身心完全恢復健康為止。「慈濟醫院」由於有龐大的「慈濟功德會」會員的人力支持，使得它的醫療工作更具人性化。

證嚴法師的第三個志業是「教育」。為了貫徹其慈善、醫療的工作，她於 1989 年創設「慈濟護理專校」，培養醫院所需的護士。1994 年又設立有史以來佛教所辦的第一個政府承認的醫學院，培育醫德和醫術兼具的醫生。醫事人員必須具備人文素養和悲憫精神是證嚴法師一再強調的。目前醫學院設有五系一所，最終目標將是擴充為「慈濟綜合大學」，含有醫學院、人文學院、宗教學院、藝術學院等。

「慈濟文化志業中心」負責推動文化工作，包括發行《慈濟月刊》、《慈濟半月刊》、開闢廣播節目、出版文史、哲學、國學、佛學等書籍，弘法和社會公益活動也是工作重點，例如，其推動的「環保淨化」活動，強調達到環境的淨土外，還要昇華到心靈的淨土。另外，耗費巨資規模宏大的「慈濟紀念堂」是個融合學術、藝術、科技、教育和文化於一爐的多功能建築物，提供全省學

術、文化、宗教團體使用，推動文化工作。

　　慈濟從事的四大志業使它呈現「非寺廟中心」的現代化佛教特色，其以「人間佛教」爲取向，深入社會，融合佛法的弘揚與對現實人生的關注，因而獲得社會人士的認同。也許因爲證嚴法師本身是女性，慈濟的主要成員大都是家庭主婦，由於她們在家庭和慈濟社會工作間自由悠遊，因而能突破傳統家庭的限制，增加個人自主性和成就感。更重要的是這些家庭主婦受到證嚴法師一再的宗教和道德倫理的感化之下，發揮了對家庭成員和社區的道德影響力。總之，慈濟可謂是一個凝聚了人力、財力、公信力和向心力的團體。深具宗教魅力的證嚴法師是它的精神領袖，而她的最大貢獻在於她能以佛教慈濟的精神，匯成一股社會清流，多少平衡了臺灣社會功利主義的風氣。

　　慈濟如此龐大的佛教事業，於創業之初固然艱辛，但是如何使它不淪於過份傾向個人色彩，建立一套能永續經營和契合佛教精神的制度，是將來慈濟要面臨的最大挑戰。證嚴法師領導慈濟三十年，已充分表現她的「慈悲」，但是慈濟未來長遠發展的制度化，則更有賴她的「智慧」。

結　語

　　從二千多年來的佛教婦女史中，我們看到無數善女人，追隨佛陀的足跡，勇往直前地邁入菩提道。她們之中，有的善根深厚，稍加點化，即能證果；有的歷盡世間滄桑之後，在佛法中找到歸依處；有的堅持戒律，寧死毋犯；有的辯才無礙，善說法要；有的深得禪悟，能化比丘；有的難捨能捨，勤行布施；有的心懷悲憫，慈濟一切；有的春風化雨，循循善誘；有的艱苦辛絕，苦行律己。無論身處順境或逆境，這些菩提道上的善女人，心中永遠法喜充滿。

現代佛學叢書

為你介紹佛學常識，探討今日佛學的新意義

禪宗六變
顧偉康 著

本書將禪宗史分為達摩禪、東山禪、曹溪禪、南禪、宋元明清禪和當代禪六個階段，系統地描述了這「禪宗六變」的沿革，並力圖從禪宗發展的內在來探索其演化的理由。本書的最大特色，在對禪宗史上大量偽託的故事、著作的考證和「還原」，對禪宗史的追溯和詮釋，更迥異於以往的禪史成說。

禪淨合一流略
顧偉康 著

禪宗和淨土宗，由合而分、由分而合，幾乎可以涵蓋二千年中國佛教史的主流。本書從淨禪兩宗的共同出發點開始，從各自立宗到合流互補，分成六期，一一道來。除了分析其合分、分合的過程和依據外，對禪淨合一史上的重點人物和事件，都有翔實的闡述。

佛教史料學
藍吉富 著

面對難以數計的佛教文獻，一個佛教研究者該如何入門？如何應用？本書是專為佛教研究者所設計的史料學專書，先將各種常見的大藏經作實用性的分析，然後分別論述印度、中國（含西藏）等系佛教文獻的內容及特質；最後以實例說明佛典翻譯、版本、偽經與遺跡等項在佛教研究過程中的重要性。

現代佛學叢書

為你介紹佛學常識，探討今日佛學的新意義

宋儒與佛教　　　　　　　　　　蔣義斌 著

　　本書由山林佛教的建立，討論宋儒在山林間講學、建立書院的現象；從佛教與宋儒賦予蓮花、芭蕉的意含，說明宋儒受到佛教影響，而又不同於佛教的複雜情況；並比較佛教的「大雄」、「大丈夫」與二程的「豪雄觀」，展現儒佛理想人格的差異，呈現出宋儒與佛教對話的「錯綜複雜」關係。

唐代詩歌與禪學　　　　　　　　蕭麗華 著

　　本書選取中國文學精華代表的唐詩，配合禪宗發展的歷史，分析詩歌與禪學交互作用下的唐代文學面貌。全書以詩禪交涉為主要路線，以重要禪法及重要詩人如王維、白居易等為觀察重點，並分別突顯唐詩在禪學影響下的多層側影，特別是宴坐文化、維摩信仰、宦隱朝隱觀念及以禪入詩、以詩示禪或以禪喻詩等問題。

禪與美國文學　　　　　　　　　陳元音 著

　　美國文學中有禪嗎？美國有禪文學嗎？本書提供了嶄新且有學術根據的答案，所涉獵的作家有愛默生、梭羅、惠特曼、霍桑、梅爾維爾、馬克吐溫、海明威，以及近代禪文學作家如史耐德、與沙林傑等人。採「以觀釋經」觀照實相之法解讀美國文學與禪學之間的因緣，是本書絕無僅有的特色，相當值得一讀。

現代佛學叢書

為你介紹佛學常識，探討今日佛學的新意義

學佛自在

林世敏 著

　　佛學的卷帙浩繁，理論深奧，初學者常只能徘徊在佛學門外，不能一窺它的富麗。本書從佛學的觀點，活用佛學的內容，試圖提出一條用佛學來做人處世、來品嚐生活、來揭示生命意義的方法。其文筆輕鬆，禪意盎然，深入淺出，最適合一般社會大眾閱讀。

濟公和尚

賴永海 著

　　濟公的傳奇事跡，早已廣為流傳並為世人所熟知，但以往有關濟公的作品，多側重於描述其「酒中乾坤」、「瘋顛濟眾」的一面，未能揭示出其中所蘊涵的禪學思想。本書不但對濟公富傳奇色彩的一生及其禪學思想，進行了生動的描述和深入的剖析，更揭示了濟公在其「顛僧」背後所蘊涵的深刻禪意。

達摩廓然

郗家駿 著

　　本書係解析禪宗公案之書，每篇先以白話簡譯逐行導入禪公案的心靈世界，繼而對於公案人物的對話，作前後有序、首尾一貫的解說，更希望能讓讀者全盤了解。解說內容除了釋、儒、道的理念，也引用密宗及武術的概念。所使用的文字有高深的經論，也有俚語、俗語，甚至英語，以求容易了解，為本書最大特色！

現代佛學叢書

為你介紹佛學常識，探討今日佛學的新意義

佛性思想

釋恆清 著

佛性（如來藏）思想由印度流傳至中國，經過千餘年發展，對中國佛教有深遠的影響，如天台宗、華嚴宗、禪宗等都是建立在佛性的思想上。本書包括印度佛教中有關佛性思想之經論研究、《大乘起信論》的心性說探討、初唐性宗和相宗關於「一性」、「五性」的爭辯，最後則從天台宗主張草木有性談到現代深層生態學，以論證佛性說可為現代生態學的哲理基礎。

天台性具思想

陳英善 著

本書是唐宋天台學的專著，扣緊著性具思想來論述，以「具」來凸顯唐宋天台學的特色；亦以「具」來顯示山家山外論爭之所在；更以「具」來呈現山家徒子徒孫對其師祖知禮思想的反省；同時也點出了天台智者的「緣起中道實相」思想至唐宋時已轉變為「性具」思想。書中對唐宋天台宗重要人物之思想皆有詳備的論述，尤其注重彼此思想間的關連性來探索問題。

中國華嚴思想史

木村清孝 著
李 惠 英 譯

本書是深入淺出的華嚴研究之入門書，由思想史的觀點，來探討《華嚴經》在中國的傳播，內容包括華嚴經類的翻譯與研究，思想史的變遷及最新資料的介紹。作者並在文中詳加區分「華嚴思想」和「華嚴教學」的不同，並進一步探討兩者在中國的流變，此為全書最大特色。